LA MAGIA DEL TAROT

22 LLAVES DE TRANSFORMACIÓN

BRIGHID DE FEZ

www.lamagiadeltarot.guiaburros.es

EDITATUM

Diseño de cubierta: © Looking4

Maquetación de interior: © Editatum

Primera edición: octubre de 2018

Tercera edición: abril de 2024

ISBN: 978-84-949279-4-2

Depósito legal: M-34057-2018

Impreso en España/ Printed in Spain

Te invitamos a registrar la compra de tu libro o *e-book* dándote de alta en el **Club GuíaBurros,** obtendrás directamente un cupón de **2 € de descuento** para tu próxima compra.

Además, si después de leer este libro lo has considerado útil e interesante, te agradeceríamos que hicieras sobre él una **reseña honesta en cualquier plataforma de opinión** y nos enviaras un *e-mail* a **opiniones@guiaburros.es** para poder, desde la editorial, enviarte **como regalo otro libro de nuestra colección.**

Agradecimientos

Son muchas las personas a las que tengo que agradecer que hoy sea quien soy, y que dedique mi saber hacer a todo aquello que me apasiona desde niña y que, además, se haya convertido en mi profesión.

A mi adorable hija, Thays Santos De Fez, por su amor incondicional y por creer siempre en mí, además de recordarme constantemente de lo que soy capaz.

A Gabi Montero, director de Radio 90 Motilla, de la Cadena Ser, por ser el responsable de que me dedique profesionalmente a mi pasión, por creer en mí cuando yo no lo hacía, proponerme ser su colaboradora en su emisora y convencerme, hace ya más de dieciséis años.

A mi padre, Guillermo, por su alta exigencia, y enseñarme que hay que seguir siempre la perfección, siendo honesto con uno mismo y con los demás.

A mi mamá, Mariángela, a su novio, Marino, a mi hijo Rubén Darío, y a mi nuera, Andrea, por su cariño y confianza.

A Jesús de Frías, por su amistad y buen hacer como escritor, y por lo oportuno de su escrito dedicado a mí, el mismo día de mi firma con la editorial. Eso es sincronicidad.

Sobre la autora

Brighid de Fez es una profesional de las artes y ciencias esotéricas y de las terapias naturales y energéticas.

Con más de cuarenta años de experiencia en el sector, comienza su trayectoria profesional en Radio 90 Motilla, con un programa de tarot en directo. Llega a Madrid y desde el 2014 colabora con Cosmoastro, *web*, TV y Magazine, con programas de éxito que incluyeron pronósticos políticos muy acertados. Colabora con la Feria Esotérica de Atocha durante las últimas cuatro ediciones y con la Escuela Europea Orden de Ayala, así como con el Ateneo de Madrid en sus "tertulias de pensamiento marginal" de los domingos.

Desde hace veinte años, se dedica a trabajar por las mejoras sociales, sobre todo en el ámbito de la mujer, la igualdad, los jóvenes y la educación. Para ellos trabaja en política, asociacionismo y cooperación, llevando a cabo múltiples proyectos para la mejora de la sociedad. Entre ellos, el proyecto de cooperación europeo *Equal Enlazadas*, premiado por el Ministerio de Igualdad y Asuntos Sociales.

Índice

Dedicatoria a Bríghid del escritor y amigo F. Jesús de Frías

Brígida.

De ella podría decirse que pertenece a la saga de sacerdotisas capaces de alumbrar a las tinieblas. Vaga por las constelaciones y de ellas extrae toda la sapiencia que la corona como lectora de fortunas y redentora de infortunios.

A estos suele suavizarlos, para evitar con ello la laceración que supondría añadir daño al daño presente. Maneja la calma como si de ella dependiera el viento mecedor de voluntades y siempre adereza el consejo. Posee el porte que la sangre le dio y a ella se aferra para construir una vena comunicadora a través de los tiempos. Pasados que justifican presentes y futuros por llegar la envuelven en el misticismo de la cercanía de su rugido. Leona firme en sus convicciones, defenderá a su camada con cualquier tipo de argumento que desbanque al taimado en su aproximación. De los inciensos construirá nubes de volutas sensoriales mientras las líneas de las manos se apresuran a mostrarse. Hará suyo el reto de proporcionar equilibrio a quien carece del mismo y desconoce el fiel de la balanza que ella le ofrece. Transita de parte a parte para dejar su huella en toda pisada que lleve su firma. Aprendió a leer entre las líneas del augurio lo que a los comunes se nos escapa, y de su verbo construye el confesionario al que aproximarse. No habrá penitencia por graves que sean las faltas. Ni las administra ni las promulga. Alga agarrada al mar de tormentas en las que la fe en sus posibilidades se convierte en la ensenada protectora de todo naufragio. Ella, trashumante mesetaria, sabe que entre las calizas y el agua está su Sangri-La a la espera de su cíclica venida para reponer energías. Mirará hacia el perfil de la noche, buscando entre las luminarias el parpadeo cómplice de los enigmas por desentrañar. Y todo lo hará sin reclinar su pensamiento. Podrá interpretarse como soberbia lo que no deja de ser un abierto postulado de intenciones irrenunciables. Tenedla próxima. En esa proximidad comprenderéis el porqué de la calma que os empieza a envolver. Aquello que fue problema empezará a dejar de serlo y las turbulencias darán paso al sosiego. Después, como si el mérito no le perteneciera, sonreirá y sabrá que su misión ha concluido. De ti dependerá a partir de entonces seguir un camino u otro. Ella puso los letreros y serás tú quien decida qué ruta merece más la pena. Dirá hasta pronto porque no sabe de despedidas. Las conoce como puertas celadas y no las admite en absoluto como cerrojos oxidados.

F. Jesús de Frías

Introducción

El tarot como herramienta de conocimiento

Estamos en un momento de transición y de cambios internos y externos en el ser humano, en nuestra sociedad y en la tierra que habitamos. Como individuos y seres de luz que somos, siempre hemos estado en busca constante de sentido y respuestas.

¿Quiénes somos? ¿De dónde venimos? ¿Hacia dónde vamos?

Para ello se han utilizado a lo largo de nuestra historia diferentes herramientas a nuestro alcance, y entre ellas está el tarot. En pleno siglo XXI, e inmersos en la transición entre dos eras astrológicas, finalizando la era de Piscis y adentrándonos en la era de Acuario, las inquietudes personales, colectivas y espirituales están cambiando. Ya no buscamos tanto afuera, y cada vez tomamos más conciencia de mirar hacia dentro, hacia nuestro interior. Crecer internamente para después proyectarlo hacia nuestro exterior y crear así nuestra realidad, además de co-crear con otros una realidad social, conjunta y diferente. Esto solo es posible a partir de las contribuciones que realizamos y aportamos como individuos, y que nos lleva a generar nuevos comportamientos y significados a la vida que compartimos.

Nos encontrarnos ante un despertar que ha originado, entre otros fenómenos, una fuerte atracción hacia el mundo de lo oculto y todo aquello que es invisible para nuestros ojos humanos, comenzando por técnicas más aceptadas y conocidas, como la filosofía o la psicología. Esta última surgió en tiempos de la Grecia antigua, como la parte de la filosofía que debía encargarse de estudiar el alma, pero desafortunadamente ha perdido sus raíces y su esencia, por una parte a causa de una mala interpretación de las religiones, y por otra por el desarrollo de la ciencia más rancia, en su intento de hacernos creer que solo somos materia –simple o compleja, según se mire– y nada más.

Por otro lado están la astrología, la numerología, la lectura de manos (llámese quiromancia, quirosofía o quirología, todas términos válidos), la magia, la alquimia, la metafísica, las tradiciones de Oriente, las nuevas o no tan nuevas terapias, y por supuesto el TAROT. Todas ellas son herramientas que nos pueden ayudar en este proceso, pero aquí nos vamos a centrar en lo que el tarot y sus veintidós arcanos mayores pueden ofrecernos, para conseguir las respuestas y guiarnos en el camino hacia nuestra realización y felicidad. Los arcanos del tarot nos dirán con claridad de dónde venimos, dónde nos encontramos y hacia dónde vamos. Desvelarán para nosotros aquello que se nos escapa a nuestro control o a nuestro conocimiento. Aportarán claridad y resolverán las dudas que nos invaden, nos ayudarán a comprender y a aceptar aquellas cosas que no podemos cambiar, así como a tomar decisiones y poner en marcha las acciones necesarias para nuestra evolución y bienestar, en todo aquello que esté en nuestras manos resolver y cambiar. Nos permitirán comprender aquellas situaciones y experiencias, ajenas muchas veces a nuestras decisiones, y que en la mayoría de las ocasiones están destinadas a permitirnos crecer y construir nuestra personalidad y destino, así como a cumplir con el propósito de nuestras almas.

El tarot está repleto de mensajes, simbolismos y sentido. A través de sus imágenes, sus colores y sus personajes, se nos están relatando historias acerca de nosotros mismos, del mundo en que vivimos y de nuestra evolución. Por supuesto, esto no sería posible sin nosotros o un buen profesional, sin acceder a los rincones más ocultos y recónditos de nuestro ser, a nuestra intuición, a la voz de nuestra alma y sus susurros. Por ello hay que tener una actitud abierta y humilde, donde la fe y la creencia de que todo es posible nos hará entrar irremediablemente en un universo de sabiduría y comprensión. Es cierto que el don de la clarividencia no está al alcance de todos nosotros, porque no todos estamos dispuestos a prestar la paciencia, el tiempo y la dedicación que este arte requiere para poder desarrollarlo, pero ello no impide que nos sumerjamos en la observación de sus secretos y nos permitamos invadir por su magia y revelaciones.

Como en todas las profesiones, encontraremos profesionales de todo tipo en este mágico mundo de interpretar el tarot. Mi consejo es que, del mismo modo que cuando acudes a cualquier otro profesional, te dejas guiar por tus primeras sensaciones al ver su imagen o conocerle, también aquí confíes en tu intuición y lo que te transmite, y sobre todo mantés una escucha activa. Otros podrán también aconsejarte sobre aquellos que conocen. En este mundo nos adentramos los eternos buscadores, y los que trabajamos para ayudar a otros compartimos con gusto nuestra experiencia y conocimientos atesorados.

Solo un buscador encuentra las respuestas, y nunca cesa en su continuo peregrinar hacia la iluminación.

No tengas miedo, pues solo aquellos que se atreven a indagar en sus sombras y aceptar sus miedos, encuentran el sendero que les conduce al Cielo. Disfruta.

Breve historia del tarot

Las cartas del tarot hicieron su aparición en Occidente, más concretamente en Europa, en torno al siglo XIV. Sin embargo, el misterio detrás de la historia de las cartas del tarot, y más concretamente en los veintidós arcanos mayores, está en su mismo origen. La evolución de la baraja de tarot es más fácil de rastrear, comenzando esta a partir del siglo XV, con la aparición de la imprenta en Europa. Las teorías sobre cómo el sistema de tarot llegó a ser fijado y acerca de su origen siguen siendo abundantes.

En torno al 1700 las cartas del tarot se "estandarizan", adoptando algunos de los aspectos más comunes, los cuales aún vemos en las cubiertas en la actualidad.

Algunos estudiosos sugieren que la alegoría jugó un papel muy importante en la historia de las cartas del tarot. Durante la Edad Media y el Renacimiento, la alegoría se utilizó en el arte, la literatura, la religión y el entretenimiento.

De hecho, durante ese tiempo existió un evento llamado el "triunfo", que consistía en un tipo de desfile en el que participaba gente disfrazada de personajes alegóricos, o de imágenes como la fuerza, el amor, la justicia, etc. Estos triunfos consistían en una gran celebración de los aspectos que nos hacen gloriosamente humanos.

Los antiguos romanos también organizaban desfiles de triunfo para sus héroes de guerra y los dirigentes políticos. Finalmente, estos desfiles se convirtieron en un tema común, que aparecen en las pinturas de conocidos artistas.

Los desfiles de "triunfos" son de gran interés a tomar en cuenta, ya que en la historia de las cartas del tarot podemos inferir que este puede haber derivado de los personajes que aparecen en las celebraciones del triunfo. Esta idea queda reforzada por el hecho de que las primeras cartas del tarot fueron denominadas *trionfi*, término italiano que en español significa "triunfo".

Es fácil relacionar estos desfiles alegóricos y de entretenimiento del triunfo, ya que este arte y sus formas de expresión con el tiempo evolucionaron aún más en las cartas del tarot. Sin embargo, todavía continúa un debate persistente sobre los comienzos del tarot. Su origen es tan oscuro que hace que la historia de las cartas del tarot sea aún más fascinante e intrigante. Ya fuera que el tarot se originara en Europa, Egipto, China o Persia, o si nació o no de la cultura gitana, de los gnósticos o de los cabalistas, su legado ha permanecido a lo largo de los siglos.

La historia de las cartas del tarot es tan apasionante y desconcertante como las propias cartas. Aunque no se conoce con certeza cuáles son los verdaderos orígenes del tarot, existen diferentes hipótesis.

La primera época a la que se le ha atribuido conocimientos de este arte es la egipcia. En el antiguo Egipto, el origen de estos naipes podría provenir de una derivación del famoso "libro de Tot", un libro sagrado que se creía redactado en hojas de oro y dictado por el dios egipcio.

Pero las primeras referencias oficiales al tarot no aparecieron hasta el siglo XV, en Italia. La baraja más antigua encontrada es la del tarot de Filippo Maria Visconti (1412-1447).

Según el historiador italiano Giordano Berti, en realidad el inventor del tarot fue el Duque de Milán, ya que se ha encontrado que algunas de las imágenes del tarot de Filippo Maria Visconti son iguales a las de una baraja diseñada por el duque en 1415, conocida como "el juego los XVI héroes".

Algunos estudiosos y autores afirman que los orígenes de la propagación del tarot por toda Europa estuvo a cargo de los gitanos, que hicieron de él un arte adivinatoria.

En Italia se practica el tarot desde el s. XV, y a lo largo el s. XVI se fue extendiendo a otros países del continente como Francia, Suiza, Bélgica o Alemania.

En un principio, las cartas del tarot no estaban asociadas al misticismo y la magia. No fue hasta los siglos XVIII y XIX cuando empezó a relacionársele con las artes ocultas, siendo adoptado por místicos y sociedades secretas. Esta tradición empezó en 1781, cuando Antoine Court de Gébelin, un clérigo y francmasón suizo, publicó *Le Monde Primitif*, donde afirmaba que los símbolos del tarot de Marsella representaban los misterios de Isis y Tot.

Más tarde le daría un significado al vocablo "tarot", afirmando que proviene de las palabras egipcias *tar*, que significa "real" y *ro*, que significa "camino". Por lo tanto, quedaba claro que el tarot representaba "un camino real" a la sabiduría.

Aunque ya habían sido usadas anteriormente como método adivinatorio, en realidad fue Aliette el que empezó a publicitarlas como tal. Este ocultista francés, también llamado "Etteilla", trabajó como adivino poco antes de la Revolución francesa y diseñó el primer mazo esotérico, añadiendo connotaciones astrológicas y símbolos egipcios a las cartas.

A partir de aquí, la práctica del tarot se fue popularizando gracias a nombres como el de Mademoiselle Marie-Anne Le Normand, quien practicaba la adivinación y la profecía durante el reinado de Napoleón I, cuya esposa era una gran aficionada a este arte.

Los ocultistas se fueron interesando poco a poco en la adivinación de las cartas durante el auge de los autores herméticos de la década de 1840, en el cual estuvo involucrado Victor Hugo, entre otros.

Poco a poco el tarot se fue extendiendo por otras tierras. En el norte de Europa llegó de la mano de Eliphas Lévi, creador de la Orden Hermética del Amanecer Dorado. Según algunos, Lévi es el verdadero creador de las escuelas contemporáneas del tarot, rechazando de este modo que sea Etteilla. Levi escribió en 1854 la obra *Dogme et Ritual de la Haute Magie*, donde introducía una interpretación de las cartas y las relacionaba con la Cábala.

Consagración del tarot

En muchos lugares del mundo existe la costumbre de consagrar la baraja para la adivinación.

Como norma general, se tomará una baraja personal y otra baraja que será la que se utilizará para las consultas a los clientes.

La baraja personal no debe ser tocada por nadie más por que la persona propietaria de ella. Esta persona la podrá usar para sus consultas personales y sus meditaciones sobre las cartas. De no ser así, la baraja se cargaría de energías ajenas a la adivinación.

Ambas barajas deberán de ser guardadas en una caja de madera o –preferiblemente– en cajas diferentes, envueltas en un trozo de tela de color violáceo o violeta.

Hay diferentes consagraciones, ya sea para tarot o ya sea para las cartas lenormand.

Para consagrar una baraja se deben colocar previamente los símbolos universales de tierra, agua, aire y fuego.

Estos son:

— una vela de color blanco: fuego.

— una copa con agua: agua.

— unas varillas de incienso o incienso en grano: aire

— un recipiente con sal o tierra : tierra.

En el momento en que vayamos a consagrar nuestra baraja de tarot, deberemos estar tranquilos y en un momento de soledad absoluta, con lo que deberemos apagar móviles etc.

El mejor momento es luna nueva.

La consagración de una baraja de tarot es una operación que reviste de un poco de magia, por la cual se establece un vínculo con las entidades que rigen este sistema adivinatorio , siendo de alguna manera aceptados por ellas.

Esta tradición es antiquísima, y además tiene un objetivo que es magnetizar nuestras barajas.

Consagrar un tarot equivale a ponernos en contacto con una entidad espiritual que emana de muchos pensamientos orientados hacia un mismo fin, provenientes de un grupo de personas que están vivas o que han pasado por la vida.

Cualquier consagración de algún sistema adivinatorio se debería consagrar en luna nueva, y los tres días y medio que le siguen a esta.

Para proceder se deberá extender la totalidad de la baraja sobre el tapiz violeta, después de haber encendido la vela y el incienso y colocar los demás símbolos.

Cada dia tocaremos las cartas, y levantando una a una las contemplaremos, mirando sus dibujos y recordando sus significados. es bueno dejar la mente en blanco para que la carta misma te deje su mensaje personal.

En este tiempo de consagración las cartas no deberán ser tomadas para ninguna consulta.

Esta es la primera parte de la consagración.

La segunda parte de la consagración de un tarot se hará en la próxima luna nueva, es decir, después de los veintidós días que dura hasta volver a a luna nueva.

Nuevamente se volverán a poner todos los símbolos sobre el tapete de color violeta.

Trataremos de no ser interrumpidos y que nadie nos moleste. tomaremos los arcanos entre las manos pronunciando la siguiente invocación.

¡señor del tarot,
maestro de las imágenes,
dispensador de las verdades ocultas!
ilumina a quien te implora.
que la llama y el espejo
no reflejen nada distinto

a la más pura inspiración.

Despierta en nosotros las verdades del gran libro de la vida por medio de las esencias,
los colores y las imágenes,
y dirige hacia nuestra conciencia
la luz de tu alta sabiduría.

Seguidamente nos concentraremos en las cartas nuevamente, deteniéndonos en cada una de ellas algunos minutos, para luego proceder a recogerlas y guardarlas en lo que será desde ese momento su sitio.

Ya podremos consultar la cartas al día siguiente de la consagración.

Esta baraja solo será consultada por nosotros.

Los 22 arcanos o triunfos del tarot

Vamos a adentrarnos ahora en la descripción exhaustiva de cada una de las láminas de los arcanos mayores del tarot, sin olvidar que debemos dejarnos guiar principalmente por nuestras sensaciones y nuestra intuición mientras las observamos, teniendo en cuenta todo aquello que nos transmiten. **Recordemos que también pueden interpretarse invertidas. Personalmente no lo recomiendo a la hora de comenzar a aprender y revelar sus secretos, pero si decides hacerlo lo único que tienes que tener en cuenta es que sus atributos pierden fuerza. Es decir, que las cartas más positivas dejaran de serlo, y las negativas también.**

Como toda labor que deseamos aprender y desarrollar, es importante que además del aprendizaje adquirido mediante lectura, cursos o profesionales de este sector, practiques y experimentes sin miedo a equivocarte. Permite que las imágenes interactúen contigo y te transmitan todos sus secretos, confiando plenamente en ti y en tu capacidad natural para interpretar sus mensajes. Recuerda que el tarot es una herramienta en tus manos a la que tú, como lector, consultor e intérprete, darás el valor que le corresponde. No olvides que, independientemente de que quieras dedicarte a esto o no, sea una afición o una herramienta de autoconocimiento.

Tendremos en cuenta las correspondencias de cada uno de los arcanos en lo que respecta a arquetipos, gemas, árboles o hierbas, astrología, numerología, etc., así como la observación e interpretación de los colores que aparecen, los aspectos prácticos y espirituales, las posiciones de las figuras y las posturas de cada protagonista y las leyes que representan:

Leyes representativas de cada uno de los veintidós arcanos

— **El loco** Ley de integración y desapego. Comienzos y finales.

— **Mago:** Ley de pensamiento e inteligencia.

— **Papisa o sacerdotisa:** Ley de amor y sabiduría. Atracción.

— **Emperatriz:** Ley de resonancia. Vibración y creación.

— **Emperador:** Ley de realización y materialización.

— **Papa o sumo sacerdote:** Ley de conexión e inspiración.

— **Enamorados:** Ley de valoración, de libre elección.

— **Carro:** Ley de independencia y responsabilidad.

— **Justicia:** Ley del *dharma*. Causa y efecto.

— **Ermitaño:** Ley de la experiencia y del conocimiento.

- **Rueda de la fortuna:** Ley del *karma*. Ciclos y encarnaciones.
- **Fuerza:** Ley de la voluntad y la acción.
- **Colgado:** Ley del sacrificio y la compensación.
- **Arcano sin nombre o muerte:** Ley de transformación.
- **Templanza:** Ley de transmutación y sanación.
- **Diablo:** Ley de resistencia y supervivencia.
- **Torre:** Ley de equilibrio. Infinito.
- **Estrella:** Ley de vida y conexión.
- **Luna:** Ley de ritmos. Sombras.
- **Sol:** Ley del alma. Luces.
- **Juicio:** Ley de reencarnación y nuevos comienzos.
- **Mundo o universo:** Ley de totalidad. El todo.

Simbología de los colores y correspondencias

- **Blanco y violeta:** Representa la Divinidad, la pureza y la luz. Irradiando e iluminando, nos infunde paz y confianza cuando aparece. Relacionado con el chacra de la corona o *sahasrara*. Le corresponde el pensamiento abstracto o divino, nuestra intuición o voz del alma, así como nuestra capacidad de conectar con nuestra conciencia, con nuestra divinidad.

- **Azul:** Como color de elevación y evolución espiritual a través del pensamiento y la palabra, nos habla de sabiduría y amor universal, y nos advierte de ser cuidadosos y conscientes de estos atributos y de cómo los utilizamos. Aquí comienza la creación de nuestra realidad.

Relacionado con el chacra del entrecejo o *ajna*, donde reside el pensamiento concreto, racional y creativo, y con el chacra de la garganta o *vishuddha*, primera manifestación de nuestros deseos y anhelos.

- **Verde:** Es el color de la sanación, la vitalidad, la fuerza de la naturaleza y nuestra capacidad de adaptación. Manifiesta nuestros sentimientos y también nuestras emociones y cómo las expresamos. Se relaciona con el chacra del corazón o *anahata*. Habla de nuestros valores y nuestras creencias.

- **Amarillo o naranja:** Es el color de la inteligencia aplicada a la acción. Nuestra voluntad y la conciencia y opinión que tenemos de nosotros mismos. También nuestra capacidad de entendimiento y superación. Se relaciona con el chacra del plexo solar o *manipura*, y con el chacra sacro o *svadisthana*. Expresa nuestro Yo, la voluntad, y cómo materializamos nuestros deseos, así como el modo en que nos relacionamos con los otros.

- **Rojo y negro:** El rojo nos indica la pasión que ponemos en todo tras la toma de decisión y puesta en acción hacia la materialización de las cosas. Nuestra realidad y como obramos. La sexualidad. El negro incluye todos los colores anteriores y nos habla de transformación y cambios, a veces a través del dolor y el desapego. Nuestros más bajos instintos y nuestros miedos, lo humano, lo material. Corresponden con el chacra raíz o *muladhara*.

Cuando se repite mucho un color, ayudará el utilizarlo en distintas situaciones, como visualizarlo en meditación, o utilizarlo en tu vestuario o en el hogar.

Observa los colores de cada carta y descubre cuál es el dominante y su significado. Para ello te recomiendo que adquieras un tarot con los veintidós arcanos mayores. Hay muchos y maravillosos. Observa cada arcano detenidamente y déjate empapar por su magia y sus mensajes sutiles.

Numerología: En cada arcano encontraremos la interpretación de su número correspondiente. Reduce tu fecha de nacimiento a un número del 1 al 22/0, correspondiendo el 22 al arcano del loco, y descubrirás el arcano que representa tu "personalidad profunda" y cómo influye en ti. Las características de dicho arcano estarán en ti como potencial.

Ejemplo: Nacido el 23-08-1974

Cuando nos encontremos con cifras que superan el 22, como ocurre con el año, y a veces el día, lo reduciremos a una cifra inferior a esta:

Día: 23=2+3=5

Mes: 8

Año: 1974=1+9+7+4=21

Ahora sumaremos las cifras resultantes;

5+8+21=34

3+4=7

El 7 corresponde al arcano del carro; examinaremos con detenimiento sus características y lo que nos transmite, pues habla de nosotros y lo que hemos venido a aprender.

Arcano 0/22: El loco

- **Arquetipo:** El niño, el loco, el genio.
- **Astrología:** Planeta Urano. Elemento aire.
- **Numerología: 0/22 (el trotamundos o el genio innovador).**
- **Gema:** Calcedonia.
- **Color:** Amarillo claro.
- **Árbol y paisaje:** El álamo. Las regiones con montañas, la sierra.
- **Cuerpo físico:** Mente, sistema nervioso y hormonal.

Simbología

Nos encontramos aquí con un personaje muchas veces incomprendido, y que sin embargo juega un papel importantísimo en las diferentes etapas de nuestra vida. Nada tiene sentido sin él, porque él somos todos y cada uno de nosotros. Generalmente se considera un comodín, y dependerá mucho de las cartas que le acompañen, de igual modo que dependemos de nuestro entorno y sus influencias. El loco representa principios, la vida, el 0 y los finales, el transcender, el 22. Por ello puede ser el niño dependiente, el adolescente o el joven en su individualidad, que inicia su viaje a través de la vida, desprovisto de todo, desnudo, y exclusivamente con la curiosidad de aprender y encontrar respuestas a todo en su nueva búsqueda o encarnación.

La alforja que sujeta con su mano izquierda representan las energías afectivas, vinculadas a los más nobles sentimientos. Estos son todos los bienes terrenales que el loco trae consigo para su viaje. En su ropaje porta los colores de la inteligencia, el conocimiento y la capacidad creadora, y su bastón le permite recoger energía de la tierra para seguir su constante peregrinar. Su cinturón le recuerda quién es realmente y el vínculo que le une a su alma y que le ha sido revelado. Un animal doméstico anda tras él en su intento de retenerle en su vida mundana y en sus apegos, rasgando sus vestiduras. Muestra su pierna derecha, la cual indica el movimiento constante y le recuerda que no pertenece a un lugar fijo en lo afectivo ni en lo social.

El loco posee una inteligencia elevada y compleja, posee la genialidad y la capacidad de idear nuevas fórmulas y herramientas que puedan ayudar a la humanidad. Pero él no es capaz de materializarlas, pues su misión es seguir errante por el mundo en la búsqueda constante de la verdad y la unidad con el todo, llevando consigo los atributos de la dualidad humana: luces y sombras, femenino y masculino, *ying* y *yang*. Le cuesta dominar sus instintos, sus deseos y sus pasiones, lo que le produce desequilibrio y le obliga a detenerse en cada etapa, haciendo uso de su inteligencia e intuición. Por eso, y a pesar de que lo puede haber comprendido todo, no es capaz de elaborar la síntesis que pueda aplicar de forma concreta, y necesitará la ayuda de otro arcano.

Su número es el 0/22, el gran creador, el genio innovador, el hacedor de proyectos que transcienden todas las normas y lo establecido hasta el momento. Posee una gran energía personal, que si no es valorada y es marginada, se puede convertir en los aspectos más negativos del loco, como la dispersión, la apatía o la depresión, aspectos que aparecerán ante la imposibilidad de dar forma a su genialidad creativa.

Lectura e interpretación

El loco es una carta activa pero lenta, por lo que cuando aparece en una lectura nos da la oportunidad de razonar y tomar una decisión meditada. Nos señala que estamos en un momento de incertidumbre, pero también que si escuchamos a nuestros instintos y nuestra intuición, encontraremos la respuesta a aquello que hemos preguntado. Recordemos que es una carta regida por Urano; esto indica la necesidad de cambios, de usar nuestro raciocinio e idear nuevos caminos, pero sobre todo de soltar todo tipo de apegos que nos estén haciendo daño y no nos permitan avanzar, como emociones, creencias, prejuicios o bienes materiales. Nos pide una apertura a todo lo nuevo, y el despertar de nuestro niño interior. La curiosidad, la espontaneidad, la confianza y la despreocupación, nos invitan a andar y actuar en el encuentro de soluciones. Representa la fuente original del caos, que experimentamos como caótica, pero que siempre genera nuevas oportunidades. Como suele representar a personas diferentes a la mayoría, puede sentirse marginado por estas. Por eso es importante recordar que aunque sin perder su verdadera identidad, su esencia, es importante para ellos la comprensión y la adaptación al mundo en el que viven. Su rebeldía puede ser un motor de cambio, pero también el motivo de su frustración.

Este arcano, mal acompañado o invertido, nos estará advirtiendo de una persona o estado personal de caos, locura, sufrimiento para él y para aquellos que le rodean, depresión, o estados mentales alterados, abuso de drogas o sustancias tóxicas, problemas de sistema nervioso y problemas mentales, estancamiento, pérdida, falta absoluta de sentido práctico y capacidad de análisis, inmadurez.

Arcano I: El mago

- **Arquetipo:** El joven adulto, el creador.
- **Astrología:** Mercurio/Sol. Miércoles.
- **Numerología:** 1 (el pionero).
- **Gema:** Ópalo.
- **Color:** Amarillo vibrante.
- **Árbol y paisaje:** Verbena, la palmera, el norte, los puertos.
- **Cuerpo físico:** Cabeza y musculatura. Energía y vitalidad.

Simbología

He aquí la mejor representación del joven adulto que comienza a andar y crear su camino hacia la individualidad. Posee todas las herramientas necesarias para completar su propósito con éxito. Los cuatro elementos sobre su mesa: el fuego (bastos), el aire (espadas), el agua (copas), y la tierra (oros). Mira al frente, consciente de su poder. Es un ser completo, espiritual, mental y físicamente. Ya ha comprendido como domeñar y poner la materia a su servicio, y la disposición de su libre albedrío para obrar. Aunque también es consciente de que el azar o destino puede intervenir, pues es parte de un todo. Conoce el valor de las cosas materiales y se sirve de ellas para materializar sus planes, pero no es un esclavo de estas, pues disfruta mucho más creando que poseyendo. En su ropaje aparecen tres colores: el amarillo como signo de inteligencia, el azul de la espiritualidad y el rojo de la acción orientada a su crecimiento espiritual. Es generoso y comparte lo que crea con aquellos que lo comprendan. Sabe cómo dar forma a la genialidad y las ideas del loco. Lleva consigo la juventud y la primavera como punto de partida de regeneración y cumplimiento de su *karma*. Tiene libertad para ello, pero también la responsabilidad de quien elige su camino.

Su número es el 1, y por lo tanto ha nacido para abrir caminos a otros. Por esa razón está provisto del poder de comunicación del que le dota Mercurio, así como de un poder de atracción para ser observado y seguido, que le aporta el Sol. El mago es el principio masculino activo y creador.

Lectura e interpretación

Cuando aparece el mago en una lectura, nos habla de que estamos en un muy buen momento. Aparecen oportunidades y gozamos de renovación; se abren nuevos y prometedores comienzos. Hay salud o recuperación de esta, rejuvenecimiento y deseos renovados de vivir. Es el momento de poner en práctica lo aprendido y de utilizar los recursos que poseemos en el camino hacia el éxito. Estudios con buenos resultados; hay una continua necesidad de seguir formándose y aprendiendo. Optimismo y coraje nos ayudaran a superar cualquier tipo de circunstancia. El mago nos recuerda que estamos al comienzo de una nueva etapa en nuestras vidas y debemos dejar fluir los cambios. Capacidad creadora y puesta en práctica de nuestras habilidades adquiridas. Excelente momento para iniciar nuevos proyectos laborales, sobre todo en el mundo de la comunicación o de trabajos manuales. Es un momento de tomar decisiones y de ponerlas en acción. Hombre joven rubio o adulto de pelo blanco pero con aspecto juvenil. Posee grandes conocimientos; se ha preparado para ello, pero sobre todo está dotado de una gran y perspicaz intuición. Poder de voluntad e influencia. Se halla en una posición superior o próxima a tenerla. Ascenso. Jefe. Realización de obra maestra. Iniciativa. Maniobra ingeniosa. Camino hacia la independencia. Comunicación con el exterior. Atracción por participar en grupos ideológicos donde nos sentimos identificados. Política.

Invertido o mal acompañado nos advierte de cuidarnos de una persona mentirosa y manipuladora que no dudará en utilizarnos en el logro de sus intereses. Hay malicia. Dificultad para madurar o aceptar la edad adulta. Desidia, apresuramiento, dispersión, falta de reflexión. No aprende a pesar de la experiencia, es negligente y egoísta. No acaba los estudios.

Arcano II: La sacerdotisa

- **Arquetipo:** La sabiduría femenina.
- **Astrología:** Luna. Lunes. Febrero.
- **Numerología:** 2 (la inteligencia emocional).
- Gema: Cristal de cuarzo.
- **Color:** Azul turquesa.

- **Árbol y paisaje:** El alcanfor. Almendro en flor y los huertos.
- **Cuerpo físico:** Corazón, pulmones y órganos reproductores.

Simbología

La sacerdotisa es la matriarca y representa la fecundación, el principio arquetípico femenino y la conexión con la madre naturaleza. Espiritual y sabia, tiene acceso a la memoria ancestral, a la memoria del mundo. Intuitiva y clarividente, es símbolo de inteligencia emocional y domina los planos de la acción, la vitalidad y la mente abstracta. Pureza mental y salud moral son sus atributos. Sostiene en sus manos el Libro de la Vida. Ella es la guardiana del templo, de los más altos misterios y la sabiduría espiritual, pero nos recuerda que sus conocimientos también están al alcance de todo humano, y que ella nos lo puede mostrar a través de la meditación y la concentración, comenzando de ese modo el camino hacia la iniciación y la armonía. La frase "como es arriba es abajo y como es abajo es arriba", es la clave de este arcano, y con ella nos traslada la suma importancia de valorar nuestros pensamientos, nuestras palabras y nuestros actos, así como a encontrar el equilibrio entre el mundo terrenal y espiritual. Su principio pasivo nos recuerda el arte de dejar que las cosas sucedan, de dejarse llevar y practicar la paciencia y la confianza en que seremos guiados por nuestra voz interior, la intuición, la voz de nuestra alma. Su conexión con el cuerpo la encontramos en el "tercer ojo", y se conecta con el infinito o mente superior.

Su número es el 2, y ha nacido con la función de observar y entender el mundo. Es emocional e intuitiva, tiene la capacidad de aprender desde las emociones que no se ven, y desde esa perspectiva, desde las emociones de los demás, es maestra en manejar los sutiles hilos que tejen las emociones, como una madre que vela por sus hijos y los prepara para que, llegado el momento, puedan iniciar solos su vuelo. Es el principio femenino y pasivo.

Lectura e interpretación

Mujer sola, viuda, madre separada, abuela. La sacerdotisa nos invita a buscar el contacto con la naturaleza o a desarrollar trabajos que tengan que ver con ella. Predispone a las actividades manuales y a los trabajos de artesanía. Favorece la imaginación a todos los niveles. Nos recuerda que practiquemos la discreción, la prudencia, la paciencia, y sobre todo que confiemos en nuestra intuición. Es posible que la soledad sea lo más adecuado en este momento, pero esta no permanecerá por mucho tiempo, pues en la mayoría de los casos es elegida. Tanto si somos hombre como mujer, nos pide que confiemos en nuestro lado femenino y en toda la riqueza y serenidad interior que nos aporta. Este arcano juega un importante papel protector, similar al del ángel de la guarda, por lo que nos aportará tranquilidad y confianza. Puede anunciar un nacimiento o un cambio de trabajo, pero siempre algo deseado, además de firmeza en cualquier situación. Es momento de callar, tener paciencia y perseverar. Confiar en nuestros sentimientos, y dejar que las cosas sucedan. También en nuestros sueños, premoniciones o señales que encontramos en nuestro camino, pues seguramente llevaran implícitos mensajes importantes. Debemos abrirnos al mundo de lo irracional y retirarnos hacia nuestro interior. Es momento de tomar conciencia de nuestra sabiduría y de la conexión que tenemos con los registros de nuestros ancestros, para compartirlo con los demás. Debemos tomar conciencia de nuestra feminidad y ponerla en valor.

Mal aspectado o invertido, nos habla de una mujer indiscreta que revela secretos ajenos. También de una falsa profesional del mundo esotérico. Personalmente, nos predispone a la soledad no elegida y mal llevada, a la depresión, el victimismo, la indecisión, la desidia y al alejamiento de la vida espiritual y la naturaleza, que es donde encuentra el equilibrio.

Arcano III: La emperatriz

- **Arquetipo:** Mujer madura e inteligente.
- **Astrología:** Venus. Viernes.
- **Numerología:** 3 (el erudito).
- **Gema:** Cuarzo rosa y turquesa.
- **Color:** Azul celeste.
- **Árbol y paisaje:** Jengibre. Manzano. Lugares de estudio (institutos, universidades, academias, colegios, bibliotecas, etc.).
- **Cuerpo físico:** Cadera y vértebras lumbares.

Simbología

Representa a una mujer joven y madura, en la mejor etapa de su vida. Es inteligente y ha adquirido la sabiduría de quien aprende de la experiencia y la aplica a su vida. Conserva su vitalidad, pues es consciente de los atributos de la materia, de su cuerpo. Es sensual, exuberante, y cuida muy bien de sí misma. Como símbolo de la tierra que es, es consciente de su poder sobre la materia, pero también es un arcano con gran inteligencia y raciocinio, a la vez que afectividad. Intelectual al máximo, alimenta su avidez de conocimiento constante para así aplicarlo a lo práctico. Es muy independiente, pero también maternal y esposa ejemplar. Brillará con luz propia y rara vez será la sombra de otros, aunque también puede representar el poder en la sombra, si lo cree conveniente. Es sociable y se comunica hábilmente. Mientras que la sacerdotisa se centra en la espiritualidad y hacer fecunda a la Madre Naturaleza (representada en la emperatriz), esta aporta la inteligencia de la mente concreta, puesta a disposición de la materia y la capacidad de crearla. Su complementación forma parte del perfecto equilibrio femenino. Por ello, la emperatriz representa los poderes de la tierra fértil y el crecimiento de lo sembrado, desplegando toda su exuberancia sobre lo creado. No hay que olvidar que su formidable energía está al servicio del espíritu. Tras su aparente frialdad, dispone de una lucidez total, que la convierte en una excelente educadora. Cumple un papel transmisor, aunque muchas veces no somos conscientes de ello, y siempre predominará en ella la búsqueda de equilibrio entre ambos planos, el material y el espiritual.

El 3 es su número, y este está representado por el equilibrio perfecto: cuerpo, mente y espíritu. Pero sobre todo, su empeño es ser la representación viva de la inteligencia. Lo cuestiona todo y esto le lleva a una incesante búsqueda del conocimiento. Esto, junto a la elegancia de su porte, hace que se distinga y sea apreciado por los demás, y lo sabe.

Lectura e interpretación

La emperatriz nos habla de libertad total. Somos libres para pensar y actuar. Proporciona el poder tomar acceso a nuestra conciencia y sacar a la luz aquellas cosas de nosotros que hasta ahora se habían mantenido ocultas. También nos invita a dar a luz a nuestros proyectos y poner en valor todo lo aprendido con anterioridad. Estamos preparados para comunicar y enseñar aquello que hemos creado. Actúa como agente transmisor y negociador, librándonos del caos, por lo que en momentos de duda o exaltación nos ofrece el equilibrio necesario por medio del razonamiento lógico. Para negociar, nos libra de la afectividad inútil y nos dota de una frialdad inmutable. Nos invita a ser autónomos y autosuficientes, y a utilizar en nuestro provecho los juegos mentales. Excelente para los trabajos científicos y muy en particular para la investigación psíquica y psicoanalítica. Aunque invita a la acción, también nos recomienda prudencia a la hora de llevar a cabo nuestro proyecto personal. La acción debe ser serena y tranquilizante, pues es promesa de paz y elevación, así como de abundancia material. Es momento de completar e incluso de perfeccionar nuestros conocimientos, sobre todo si hasta el momento no ha sido posible realizar los estudios que deseábamos. Nos habla de una mujer inteligente y autosuficiente, que cuando entrega su corazón lo hace con plena libertad y decisión. Puede anunciar un embarazo deseado y esperado. Es el momento de traer algo nuevo al mundo. Salud y prosperidad. Revitalización y rejuvenecimiento en la mujer.

Invertida o mal aspectada no pierde su energía positiva, pero sí nos advierte de que debemos cuidarnos de la falta de reflexión, de las palabras imprudentes, la pedantería y los errores de juicio. Nos hará más perezosos y dilatara los resultados en el tiempo. También puede ser signo de error al elegir los estudios, un trabajo e incluso una pareja, pero la bondad de este arcano nos permitirá, tarde o temprano, subsanar el error.

Arcano IV: El emperador

- **Arquetipo:** Hombre de poder. Rey. Constructor.
- **Astrología:** Marte. Aries. Elemento fuego.
- **Numerología:** 4 (el organizador).
- **Gema:** Rubí.
- **Color:** Rojo.
- **Árbol y paisaje:** Bergamota. Cedro. Osa Mayor (la tradición dice que allí habitan los guías de la humanidad).
- **Cuerpo físico:** Cabeza. Presión arterial. Venas y arterias. Hígado y bazo.

Simbología

El emperador se encuentra por encima de toda influencia. Representa la estructura y la consistencia, la ley y el orden, su acción es realista y su predisposición, responsable, sobria y consecuente. Encarna la acción pasiva, y su cometido es, apoyar y llevar a cabo la realización del pensamiento e ideas de la Emperatriz. El cetro en su mano derecha le da la dirección, la visión y el poder de llevar a cabo lo que se propone. Y esto se lleva a cabo en el mundo material, pero sin menoscabar el libre albedrío de cada cual. El emperador, como líder natural que es, se limita a influir y aconsejar razonable y sabiamente a nuestro pensamiento, aunque de una forma muy sutil. Está vinculado a la actividad constructora y materializadora en este plano. Él mira hacia atrás, hacia los arcanos que le preceden, y por ello es consciente de que tiene la responsabilidad y el poder de manifestar sus aprendizajes y enseñanzas, en una obra que se haga visible y extensiva al resto de la humanidad. El es un hacedor, y desde su ejemplo y constancia, facilita y garantiza la supervivencia y bienestar de todos.

El 4 es su número, y da base, forma y estructura a la energía intelectual del 3, haciendo realidad todos los anteriores pensamientos y proyectos mediante el trabajo y la constancia. Así, lento, pero seguro, va construyendo un mundo visible dentro del que se mueve con seguridad, y que no dura en organizar y dirigir con mano dura, e incluso, a veces tiránica ante cualquier adversidad que le perturbe. Aunque prefiere que sea otro quien tome las decisiones.

Lectura e interpretación

Representa un hombre conservador, ambicioso y metódico. Tiene una extraordinaria capacidad de trabajo, es constante y riguroso, pero nunca apresurado. Construir es su palabra clave; un hogar, una carrera, un oficio, un patrimonio... Pero su propósito no es otro que la seguridad y la estabilidad. No es especialmente inteligente, —para ello están los arcanos que le preceden—, pero si muy práctico y pragmático. Le gusta mandar, pero no ser quien tiene la responsabilidad de la toma de decisiones últimas. Por eso suele trabajar muy bien como jefe subalterno, pues cumple al pie de la letra. Además de tener un talento especial para organizar y dirigir a otros. Como figura patriarcal que representa, puede ser un excelente padre, un padre tradicional y responsable, pero que posiblemente deje las decisiones a su pareja. Como esposo no es muy ameno, pues suele centralizar su atención en su trabajo y dar seguridad a la familia principalmente. Es un hombre leal. Economiza con sensatez, sin llegar a ser avaro. Es un hombre previsor. Este arcano nos invita a poner orden en nuestras vidas y trabajar con ahínco y perseverancia. También a que seamos sobrios y realistas y tomemos decisiones que nos permitan afianzar lo conseguido y mantener o conseguir estabilidad, a asumir responsabilidades y tener confianza en nosotros mismos y en nuestro futuro. El emperador es una carta positiva en general, a pesar de su aparente aspereza y rigurosidad.

Invertido o mal acompañado, debemos de tener cuidado de no ser temerarios y acometer trabajos o empresas que se escapan a nuestras capacidades. Nos advierte de ser más adaptables y abiertos, menos rígidos y despóticos en nuestra forma de obrar y pensar. Debemos defendernos de los abusos de poder por parte de nuestros superiores, padre o pareja, ytener un mejor control de nosotros mismos.

Arcano V: El papa

- **Arquetipo:** Puente entre lo espiritual y lo material. Consejero.
- **Astrología:** Tauro. Elemento tierra.
- **Numerología:** 5 (los valores y los principios).
- **Gema:** Topacio amarillo.
- **Color:** Anaranjado.

- **Árbol y paisaje:** Muérdago. Encina. Tierras fértiles y cultivadas.
- **Cuerpo físico:** Aparato digestivo.

Simbología

El papa representa la experiencia, por eso se le representa como un hombre de edad avanzada. Él es el "puente" de unión entre el mundo espiritual y el mundo material. Es el poder espiritual que gobierna sobre aquellos que están en la búsqueda de la iluminación. Es el maestro de los iniciados. Masculino, y por lo tanto activo, posee el equilibrio y la sabiduría de los tres mundos –material, mental y espiritual–, expresados en forma de reflexión y pensamiento. Es el indicio de que el espíritu ha comenzado a manifestarse a través de la materia. Su mirada está dirigida hacia lo psíquico, y su principal cometido es el amor expresado sin ningún propósito. Afectuoso y empático, destaca por su creatividad, aportando un aspecto de fecundidad. Es el guía que nos acompaña en la búsqueda de aquello que está oculto para nosotros: el significado, el propósito superior y el sentido de nuestra vida y de todo aquello que experimentamos y afrontamos. Su sola presencia manifiesta el equilibrio que simboliza. Sus conocimientos se manifiestan principalmente a través de su obra y su ejemplo. La palabra y su poder son su enseñanza. El papa es el símbolo de las grandes corrientes espirituales y filosóficas, que actúan como impulsoras de la evolución de la humanidad. Es consciente y conocedor del imperio de los sentidos, de los instintos, y de cómo pueden desviarlo de su cometido primordial.

El 5 es su número, y representa los principios vitales y filosóficos, lo que lo convierte en el mejor consejero. Nuestra mano y los cinco dedos, y la energía cósmica que desciende a través de ellas, pudiendo sanar a todo aquel que es tocado por su gracia. Es muy importante lograr un territorio armónico y estético, que ayudado de su honestidad y firmeza le permita dar lo mejor de sí mismo, sin olvidar jamás el propósito inicial y único de su misión.

Lectura e interpretación

Por norma general, nos habla de un hombre con experiencia, comprensivo, tolerante y empático, que nos servirá de guía y ayuda en aquello que estemos preguntando. Posee una vibración muy cálida, por lo que nos transmitirá paz y armonía. Es un buen maestro, jefe, padre o abuelo. Su mentalidad es abierta y progresista, pero siempre en base a unos principios y valores, que son lo que mejor le representan. De una forma u otra, nos anticipa que seremos liberados de una carga, tranquilizándonos y ayudándonos a seguir adelante con confianza. Puede ser un profesional del mundo terapéutico o un médico en el cual podemos confiar por el conocimiento profundo que tiene de su profesión. Es lento, pero certero. A veces señala una vocación tardía. Gran facultad de síntesis y necesidad de equilibrio. Reservado, pero no cerrado. Cuando aparece en una tirada, nos invita a buscar una verdad más profunda y a desarrollar nuestra fe, a interpretar el verdadero significado de los que vivimos y encontramos en nuestro camino, a ser fiel a nuestros principios y valores, así como a escuchar a nuestra conciencia y sus dictados. Nos muestra la confianza en que no estamos solos y en que somos guiados por el camino correcto hasta la consecución de nuestros planes.

Invertido o mal aspectado, nos puede hablar de todo lo contrario: alguien dogmático, estéril y sin principios, que puede aprovecharse de nuestra buena voluntad, engañándonos e intentando manipularnos y utilizarnos. Falso profeta, sectario, persona tóxica peligrosa. Falso pudor moral, que disfrazara de buenas formas y con bonitas palabras. Estas características pueden hablar de nosotros mismos y de la necesidad de enderezar nuestro camino. Obstáculos y dificultades.

Síntesis de los primeros cinco arcanos mayores

Los cinco primeros arcanos mayores del tarot representan la evolución que todo ser humano debe integrar en su personalidad y experiencia vital. Por esa razón nos sirven de guía, aprendizaje y protección, asimilándolos de forma consciente, pues todo lo que está en ellos está también en nosotros. Somos seres duales, y tanto los arquetipos masculinos como femeninos nos representan en nuestra continua evolución.

Ellos simbolizan la gran corriente de energía cósmica que recorre todo nuestro cuerpo, representado como la estrella de cinco puntas. Cuando alguno de estos arcanos aparece invertido, esta energía debe ser restablecida y equilibrada mediante los atributos de cada arcano del siguiente modo:

— **El mago:** Como energía primordial y creadora.

— **La sacerdotisa:** Como la armonía natural con la naturaleza y la memoria ancestral, manifestación de nuestra intuición (voz del alma). Mente abstracta.

— **La emperatriz:** Como fuerza y expresión de nuestra mente concreta, racional. La inteligencia.

— **El emperador:** Como la relación de los cuatro elementos –representados en los cuatro arcanos– con nosotros. La voluntad y la acción constructora.

— **El papa:** Como guía y maestro en nuestro propósito divino. Espiritualidad. El puente que enlaza la espiritualidad con la materia.

Arcano VI: Los enamorados

- **Arquetipo:** Joven enamorado.
- **Astrología:** Géminis. Junio.
- **Numerología:** 6 (la eterna juventud).
- **Gema:** Turmalina.
- **Color:** Malva.
- **Árbol y paisaje:** Albaricoque. Lavanda. Norteamérica. Noroeste.
- **Cuerpo físico:** Genitales en ambos sexos.

Simbología

También denominado como el arcano de "la decisión", con él comenzamos a adentrarnos en nuestro mundo consciente y en todas aquellas emociones y decisiones que van a comenzar a tomar parte de nuestra vida. Tres personajes aparecen en esta carta. En medio, un joven enamorado (hombre o mujer), que tiene que tomar la que es posiblemente una de sus primeras y más importantes decisiones en su vida. Por un lado, alejarse del amor y hogar familiar, para adentrarse en otra historia de amor muy distinta, creando su propia familia y su propio hogar. Es un arcano positivo, que representa la fuerza de la intuición y el verdadero amor que hay en nosotros. Nos sitúa en una transición desde el plano físico y mental hasta el del amor. Hay dos caminos que se nos ofrecen, y ambos son positivos, teniendo en cuenta la naturaleza del consultante y su libre albedrío, donde solo desde su intuición –desde el corazón– tomará la decisión correcta. Por otro lado, puede representar la unión de los opuestos en nuestro propio ser. Somos seres duales donde el equilibrio entre lo femenino y lo masculino, el *ying* y el *yang*, es parte de la alquimia perfecta en el encuentro de nuestro equilibrio interior. Es el símbolo del conocimiento, la sabiduría a través del amor incondicional, como elemento sanador de todas las partes que participan, representados por los personajes que aparecen.

Su número es el 6, y vino al mundo para examinarlo todo con la curiosidad de la eterna juventud, viviendo todo intensamente con la inocencia innata de un corazón puro. Es divertido y juguetón al igual que un niño. La familia es muy importante para él. También puede tener días tristes, donde la duda se hará presente y entre en un estado de queja, intentando justificarse por todo y cayendo en el desagradable papel de víctima. En esos momentos, volverá a ser un niño dependiente que buscará a su familia en el intento de volver a construir su mundo ideal.

Lectura e interpretación

Abrir nuestro corazón. Encuentro o reencuentro afectivo. Enamoramiento. Sentimiento de gozo y felicidad. Experiencia deliciosa que nos hará inmensamente felices. Celebración familiar. Momento de optimismo y confianza. Nos sentimos amados y aceptados. Los enamorados es un arcano mediador que nos puede estar comunicando la posibilidad de una unión de cualquier tipo: asociación, sociedad o matrimonio. Es el momento de tomar decisiones, así como de defender aquellas que hayamos tomado. Somos libres y responsables para ello. El "libre albedrío" está aquí perfectamente representado. Nos advierte que actuemos desde el corazón y seamos valientes para ir hacia donde deseamos, tanto en el plano emocional como material. Nos invita a experimentar el amor y el compromiso como paso necesario en nuestra madurez emocional. También nos puede estar indicando que tendremos que hacer de mediadores entre otros y ayudar a resolver conflictos o malos entendidos. Representa la incesante evolución del aspecto más cálido de nuestro ser, la capacidad de amar y dejarse querer. Da calor físico y moral y nos invita a expresar nuestros más profundos sentimientos. En el caso de mala salud, nos anuncia el restablecimiento de la misma, sobre todo por medio de métodos naturales. En cuanto al trabajo, nos puede estar indicando que llevamos a cabo una doble actividad o que tendremos que hacerlo; en cualquier caso, ambas importantes para nosotros.

Invertido o mal aspectado, nos estará advirtiendo de todo lo contrario. No es momento para tomar decisiones o tendremos que considerar y enmendar alguna ya tomada. Nos recomienda elegir mejor nuestras amistades y aquellas personas a las que entregamos nuestro corazón. Cuidado con la dispersión. Salud delicada, es preciso recobrar el equilibrio en todos los aspectos. Cuidado con los amores egoístas, posesivos, o dependientes, los caprichos, la sexualidad mal interpretada y la falta de madurez para adentrarnos en un compromiso afectivo.

Arcano VII: El carro

— **Arquetipo:** Joven que se independiza.

— **Astrología:** Cáncer. Elemento agua. Mes de julio.

— Numerología: 7

— **Gema:** Ámbar.

— **Color:** Amarillo ámbar.

— **Árbol y paisaje:** Rosa. Tamariz. Ciudades marítimas o con río.

— **Cuerpo físico:** Piernas y pies. Caderas y riñones.

Simbología

Este arcano representa la acción, la independencia y la plena conciencia de quien inicia una vida propia. Es el joven que se emancipa de sus padres y emprende su camino, consciente de su dualidad y sus instintos, poniéndolos a su servicio. Elige sus metas, busca el triunfo y se erige en conductor de su propia existencia. Goza de la inteligencia y la energía necesaria para conseguir sus propósitos, y su avance se lleva a cabo en los planos mental y material, progresando paso a paso. No obstante, este luchador sabe que sus mejores armas son su mente y su espíritu, más que aquellas que implican la acción sobre la materia. Aquí su coraza se convierte en mayor poder: su mente. El carro es símbolo del poder humano. Sabe de dónde viene y hacia dónde va. Por lo tanto, tiene en cuenta lo aprendido y la experiencia acumulada. Representa la lucidez de pensamiento y la seguridad en sí mismo, y además tiene pleno dominio de sus emociones y sus instintos. El equilibrio y las dos polaridades, masculino y femenino, simbolizadas por la Luna y el Sol que aparecen en la carta, son su continua búsqueda. Las plantas a sus pies son representativas de las transformaciones rápidas y constantes cuando este arcano se hace presente, dando lugar a la gran obra alquímica que se produce en cualquier ser humano. Valor, confianza y esperanza en el gran salto hacia delante son su mensaje y premisa. Nada avanza sin movimiento y acción.

El 7 es su número. Vino a este mundo a hacer un trabajo absolutamente mental, para preguntarse el porqué de las cosas con el fin de encontrar su propia alma, y de paso conseguir una dirección en la vida, una razón por la que vivir. Por ello busca la maestría y la independencia de forma responsable, pudiendo llegar a ser un gran director en pro del progreso, aun corriendo el riesgo de perder el control, volverse hiperactivo e incluso despótico en el caso de no llegar a encontrar las respuestas.

Lectura e interpretación

El carro nos anuncia cambio y transformaciones rápidas. Viajes, fundamentalmente por tierra. Es el momento de luchar por lo que queremos; el triunfo estará asegurado, siempre y cuando seamos capaces de controlar nuestras pasiones. No nos precipitemos y seamos responsables. El movimiento y la acción nos llevarán a encontrar el equilibrio que necesitamos, y ello se puede manifestar en los viajes, donde encontraremos oportunidades de progreso, o incluso en el trabajo, donde podemos obtener un ascenso. Podemos convertirnos en vencedores, siempre y cuando sepamos integrar en nosotros el equilibrio entre nuestros niveles consciente y subconsciente. También nos invita a usar el sentido común, así como la memoria y la experiencia para conseguir nuestros propósitos. Es un buen momento para investigar en el pasado. Amistades provechosas y fecundas. El entorno es propicio y favorable. Éxito en nuestras empresas, especialmente para comerciantes, artistas e historiadores. Dar un paso adelante y dejar lo viejo atrás. Aventurarse y asumir riesgos con confianza y valor. Prepararse para algo nuevo. Comienzo de estudios, másters o una nueva carrera profesional. Independizarse del entorno familiar. Inicio de nuevos proyectos.

Cuando aparece invertido o mal acompañado, nos advierte de todo lo contrario. Es importante tener calma, no asumir riesgos ni iniciar nuevos proyectos en este momento. El entorno puede ser conflictivo, sobre todo a nivel político y social, y nos advierte de conservar lo que nos da seguridad. Cuidado también con nuestra actitud, que puede ser agresiva. Podemos dejarnos llevar por nuestras pasiones erróneamente. Viaje problemático, accidente o malas noticias. Discusiones estériles. Decisiones equivocadas. Aún así, esta carta es positiva y nos da esperanza si somos lo suficientemente prudentes y nos controlamos.

Arcano VIII: La justicia

- **Arquetipo:** El equilibrio cósmico.
- **Astrología:** Libra. Elemento aire. Octubre.
- **Numerología:** 8
- **Gema:** Esmeralda.
- **Color:** Verde oliva.
- **Árbol y paisaje:** Áloe. Oriente.
- **Cuerpo físico:** Vista y oído. Riñones.

Simbología

Este arcano representa mejor que ningún otro las leyes del *dharma* y el *karma*, la ley de causa y efecto, recordándonos que toda acción trae consigo una reacción o consecuencia. Su campo de acción, su dominio, no se encuentra en el mundo material, sino en un nivel superior de comprensión, en el más alto nivel de conciencia. El personaje que representa es incorruptible, y defiende sin inmutarse la igualdad de derechos y la justicia, siempre en ayuda a lo humano. Su naturaleza es mental, y su acción es rápida y cargada de positividad. Unifica y exige coherencia entre nuestros pensamientos y nuestros actos. Actúa como una fuerza protectora y conciliadora de los opuestos. La energía entre los niveles superiores de la mente y el cuerpo fluyen en armonía, procurando el equilibrio y el acuerdo con nosotros mismos. Su parte más humana nos subraya la necesidad de comprender todo aquello que nos rodea, al mismo tiempo que nos recuerda el poder curativo del amor universal. Siempre es símbolo de esperanza y fertilidad, por lo que nos recuerda lo conveniente de forjarnos una realidad perfectamente consciente, asumiendo que somos responsables de aquello que sembramos y consecuentemente recogemos. Por lo tanto, siempre es buen momento para comenzar de nuevo y asumir nuestros errores.

Su número es el ocho. Volcado, es el símbolo de infinito y del tercer ojo o chacra del entrecejo. Por ello nos recuerda que como es arriba, es abajo, y que la perfección se encuentra en el equilibrio entre lo espiritual y lo material. El ocho es la gran lógica, la protección familiar y el equilibrio económico, emocional y espiritual. Por ello dedica su existencia a la justicia y la organización, erigiéndose en líder y jefe de familia. Si no aparece el equilibrio, el desorden y el caos reinará en sus vidas.

Lectura e interpretación

La justicia nos advierte con firmeza que tengamos cuidado con nuestros pensamientos, nuestras palabras y nuestras acciones, pues del mismo modo que el *boomerang*, todo aquello que sembremos, nos será devuelto, para bien o para mal. Debemos convertirnos en nuestros propios jueces y tomar plena conciencia de nuestros actos. Nos recuerda que no debemos emitir juicios sobre los demás, pues su verdad, no tiene por qué ser igual a la nuestra. A un nivel personal, o comunitario y social, se encargará de impartir justicia. Nos pide responsabilidad, honestidad hacia nosotros mismos y los demás, y establece la igualdad de derechos fundamentales. Es implacable y no admite errores. Por ello, la benevolencia de esta carta depende exclusivamente de nosotros. Nos invita a organizar nuestra existencia y a rectificar errores, y nos dice que con toda claridad, nosotros ya sabemos la respuesta a aquello que hemos preguntado. En positivo, representa el juicio a nuestro favor. Firma de papeles provechosos. Ascenso. Recogida de cosecha. Recompensas. Es momento de ser optimista y llevar a cabo nuestros sueños, el momento es propicio para nuestro progreso. Coherencia entre lo que pensamos, decimos y hacemos.

Decisión razonable, tomada sensatamente. Objetividad. Equilibrio. Evolución. Madurez. Indulto.

Invertido o mal acompañado, nos puede advertir de disturbios sociales o de problemas en nuestro medio inmediato: trabajo, hogar, etc. Castigos. Despido. Pérdida de juicios. Irresponsabilidad. Crítica destructiva. Engaños. Autoengaño. Desorden. Dispersión. Desequilibrio. Problemas de salud. Contrariedades. Divorcio. Pérdidas.

Arcano VIIII: El ermitaño

- **Arquetipo:** Sabio anacoreta
- **Astrología:** Virgo. Finales de septiembre.
- **Numerología:** 9
- **Gema:** Topacio oscuro.

- **Color:** Verde pálido.
- **Árbol y paisaje:** Trigo. Narciso. Aldeas. Regiones tranquilas y montañas.
- **Cuerpo físico:** Metabolismo y sistema linfático.

Simbología

El ermitaño es la representación del ser humano experimentado, que tras haber andado por el mundo y haber aprendido las lecciones, necesita retirarse a la vida contemplativa para transcender su verdadero propósito en la vida y encontrar el orden divino en sí mismo. Ha interiorizado la humildad y la prudencia del que sabe que su búsqueda debe mantenerse en secreto para el mundo que le rodea. El retiro a la quietud, el reposo, el silencio, la seriedad hacia la vida para hallar las vislumbres esenciales que solamente ahí puede encontrar. Sabe que lo esencial no lo va a encontrar fuera ni en los demás, y que solo escuchando su voz interna lo hallará. Sus movimientos se centran en los niveles mental y físico, y se siente conectado con la energía de la tierra, armonizándola desde su mente. Su búsqueda está relacionada con su inteligencia y su impulso está en sus más nobles y elevados ideales, con lo cual se convierte en observador del mundo, al mismo tiempo que lo instruye con su ejemplo. Maestro y a la vez eterno estudiante, es poseedor de conocimientos, secretos y misterios, los cuales pondrá a disposición de aquellos que estén preparados. Se le relaciona con las ciencias médicas, y muy especialmente aquellas que estudian la mente y el alma, como la psiquiatría, el psicoanálisis o la psicología. También con el sanador que medita, es devoto y se comunica con las energías físicas y mentales. Posee sentido del análisis profundo y la coordinación, para así ponerse al servicio de aquellos que lo necesitan. Permanece en la sombra, pero es un excelente consejero. Este sabio arcano no está exento de pasiones, pero estas son de naturaleza intelectual.

El 9 es su número, y surgió de la soledad, condición indispensable para que sus múltiples pensamientos alcancen el sentido de la vida mediante la experiencia. Habitará en cualquier alma, haciendo gala de su prodigiosa habilidad para comunicarse con todos los demás y penetrar en lo más profundo de estos, pudiéndose perder a sí mismo sin llegar a conocerse en realidad. La timidez, la introversión o el miedo son sus mayores peligros. Para recargarse, se perderá en contacto con la naturaleza y con sus continuos viajes a culturas extranjeras.

Lectura e interpretación

El ermitaño tiene un profundo amor por la tierra, pero muy a menudo no puede echar raíces en ningún lugar, sobre todo en su juventud, por lo que nos puede estar indicando un cambio fuera de nuestro país. Nos invita a la búsqueda constante del sentido profundo de nuestra vida, y el de la humanidad. Por ello nos puede estar invitando a llevar a cabo estudios de investigación lejos de nuestra familia y en un entorno desconocido. O viajes en los que ayudamos a los demás, además de trasladarles nuestra experiencia. Nos invita a la introspección, y a la madurez de vivir nuestras propias experiencias, con prudencia y paciencia. Buen momento para tratar y sanar cualquier problema de salud. Preservarse de influencias externas. Ser discreto y humilde. Búsqueda de tranquilidad para encontrar claridad en cualquier circunstancia. Es un momento idóneo para saber quién somos y lo que realmente deseamos. Tomar conciencia de uno mismo. Repasar de dónde venimos y hacia dónde nos dirigimos. Arrojar luz en medio de la oscuridad. Imponerse moderación y huir de los alardes. Búsqueda de tranquilidad para así hallar claridad. Confiar en nuestro criterio, experiencia y sabiduría almacenada en la vida. Momento para meditar y explorar. Viaja y conoce el mundo y a los hombres. La experiencia como valor añadido. Larga vida.

Invertido, nos advierte de errores de juicio, razonamientos precipitados y mal enfocados. Nos puede estar advirtiendo que no estamos en el trabajo adecuado y que debemos propiciar un cambio. La salud puede resentirse y/o demorar su curación, por lo que nuestro estado puede convertirse en crónico. Envejecimiento prematuro. Nos advierte de no caer en la prepotencia, el egoísmo y la tacañería. Cuidado con el aislamiento y la desconfianza.

Arcano X: La rueda de la fortuna

- **Arquetipo:** Rueda del *karma*. Destino.
- **Astrología:** Júpiter. Elemento fuego. Diciembre.
- **Numerología:** 10
- **Gema:** Lapislázuli.
- **Color:** Violeta.
- **Árbol y paisaje:** Azafrán. Abedul. Países o regiones frías. Extranjero.
- **Cuerpo físico:** Brazos. Manos. Alergias.

Simbología

En este arcano se manifiesta el continuo ir y devenir, el alma sujeta a la continua rueda de las encarnaciones y la obligatoria necesidad de evolución mediante nuestras vivencias y experiencias. Representa nuestra naturaleza animal, y cómo esta se va refinando a medida que avanzamos. Aunque también nos habla de cómo el sometimiento a nuestros sentidos puede hacernos involucionar en nuestro deseo de sumergirnos en el mundo material y experimentar las profundidades, los apegos. Aún así, estas mismas motivaciones son las que nos impulsan a girar la rueda de forma constante y transcender y remontar hacia la humanidad que llevamos dentro. Simboliza el instinto, la audacia, y la fuerza que nos ayuda a superar las pruebas y alcanzar el máximo nivel en lo físico y terrenal, alcanzando así nuestros propósitos. No debemos olvidar que la rueda es manejada por el poder divino. Nos promete éxito y felicidad, pero sin olvidar que estamos sujetos a leyes de reciprocidad, donde recogeremos el fruto de aquello que sembremos. Esta es la razón por la que esta carta está tan directamente relacionada con el *karma*. Siempre nos presentará las pruebas y obstáculos que sean necesarios para nuestra evolución, y volver a comenzar tras cualquier fracaso, recordándonos inexorablemente las tareas que para ello debemos llevar a cabo, para así lograr la transformación de lo vil a lo sublime.

Su número es el 10, y representa el alma que se enganchó al tren de la vida y está provisto de la energía necesaria para experimentarla. De espíritu aventurero, derrocha adrenalina, la cual le ayuda a adaptarse y confrontar lo inesperado mediante la acción inmediata. Sin embargo, esta envidiable condición, también le recordará que, de no estar alerta y caer en la despreocupación, perderá su equilibrio interno. Si se para, se precipitará al pozo de la inseguridad del que solo podrá escapar cuando vuelva a confiar en su grandeza y en su capacidad espiritual para estar conectado con su alma y el universo.

Lectura e interpretación

En una tirada, la rueda de la fortuna nos indica que es el momento oportuno para tratar el asunto en cuestión que nos preocupa, y actuar en consecuencia. Nos anuncia cambios rápidos, inevitables y necesarios, y nos recuerda la capacidad que tenemos de soslayar y transcender cualquier dificultad que estemos atravesando, prometiéndonos las oportunidades para lograrlo. Pero también nos dice que valoremos y manifestemos nuestra gratitud por aquellas cosas buenas de las que disponemos en nuestras vidas, pues la ingratitud, y no darles el justo valor que merecen, puede llevarnos a la pérdida, sea de un trabajo, un amor, o algo material. Atención a nuestras debilidades, pues pueden retrasar nuestros avances. La victoria nos espera al final, siempre y cuando emprendamos las acciones necesarias. Entonces nos promete éxito, honores, ascensos y logros materiales. Anuncia viajes que serán fundamentales para nuestro crecimiento. Tiempo de bonanza en el que será bueno ser previsores y ahorrar. Es muy buen momento para explorar y descubrir nuevos lugares, buscar espacios abiertos y aventuras. Buen momento para cambiar de trabajo o residencia. Esta carta nos recomienda como mejor momento para llevar a cabo los cambios, el invierno y el verano. Debemos observar el momento en que se presentan las oportunidades, pues si las dejamos pasar de largo, estas volverán a presentarse en los mismos periodos, incluso con las mismas pruebas y/o alegrías. Momento muy favorable para actividades artísticas, viajes de trabajo, ambiciones y logros materiales, pues la suerte está de nuestra parte.

Invertida o mal acompañada, nos estará advirtiendo que si caemos en la negligencia o la pasividad, nos convertiremos en victimas de nuestros errores. Cuidado con los viajes, pues sufrirán contratiempos o inconvenientes. Situación de inestabilidad o mala percepción de la realidad. Fatalismo. Apegos malsanos.

Arcano XI: La fuerza

- **Arquetipo:** Ser que domina sus instintos.
- **Astrología:** Leo. Elemento fuego. Agosto.
- **Numerología:** 11 (el número maestro de la intuición).
- **Gema:** Jade.
- **Color:** Amarillo cobre.
- **Árbol y paisaje:** Heliotropo. Sequoia. Occidente.
- **Cuerpo físico:** Sistema nervioso central. Sacro. Lumbares.

Simbología

Este arcano, de naturaleza femenina e intuitiva, posee las herramientas necesarias para la lucha, pues ya ha logrado vencer sus impulsos, sus pasiones e instintos primarios, representados por el león. Aunque lo ha logrado sin matarlos ni ocultarlos, de modo que esas energías son puestas a su servicio, y no a la inversa. Está conectado con su conciencia, comprende que la muerte no existe y que la eternidad de su alma le aguarda. El tiempo humano no es pasado ni futuro, sino un estado de continua presencia, y por ello se mantiene vigilante. El infinito le acompaña, pues ha triunfado sobre la materia, y esta ya no tiene poder sobre él. Es activo y combatiente, y además posee la inteligencia y la pureza de espíritu. Aspira a alcanzar la Divinidad con las energías del amor y de la vida, y su lucha se lleva a cabo desde los planos mental y espiritual. Por todo ello, ahora su victoria se puede plasmar en lo material. Sus energías fluyen con facilidad por todo su cuerpo, dotándola de una fuerza interior sin igual. Representa la salud, física y moral, y el poder sobre sí misma. Es la reconciliación del ser humano con su naturaleza animal. La aceptación de las sombras, a las que ilumina con su luz. Es la manifestación del ser evolucionado y consciente de sí mismo.

El 11 es su número, número maestro que representa la dualidad centrada en percibir y traducir las energías sutiles del Universo. Es el líder espiritual portador de una excelente confianza en sí mismo, y con una poderosa capacidad de resolución basada en su intuición. Tiene como virtud una gran sensibilidad emocional, pero que a su vez se puede convertir en su peor problema, porque le permite percibir y sentir las emociones de los otros, pero si no es consciente, las puede sufrir.

Lectura e interpretación

La fuerza es una carta tremendamente positiva, por lo que cuando aparece nos habla de vitalidad, pasión, entrega, buen ánimo y ansia de vivir. Incluso acompañada de cartas negativas, esta siempre nos proveerá de la fuerza interior necesaria para vencer los obstáculos de todo tipo, internos y externos. En caso de disputas o desacuerdos, nos da la oportunidad de lograr la reconciliación. Es buen augurio para resucitar o levantar pasiones, tanto en la vida personal como laboral. Si hay alguna preocupación por enfermedad, nos promete una sanación rápida y sorprendente. Relacionada con nuestra capacidad interna de sanción, nos aconseja reconciliarnos con la naturaleza y buscar alternativas naturales. La sexualidad estará exaltada y nos invita al disfrute, sin olvidar la necesaria conexión con nuestra conciencia. Es una carta excelente para deportistas y negociaciones. Nos promete riquezas, tanto materiales como en experiencias. Merecidos triunfos y poder sobre nosotros mismos, para lograr aquello que anhelamos. Buen momento para nuestro bienestar, tratamientos preventivos y disfrute en general. Impulso para ganar y conseguir la victoria. Nos recuerda, que la sabiduría no es innata, sino que se adquiere, por lo que es un momento excelente para estudiar y adquirir conocimientos. También para independizarse y/o ampliar horizontes.

Invertida o mal acompañada, no pierde su positividad y nos sigue otorgando esperanza. Pero nos recuerda el peligro de dejarnos arrastrar por nuestras bajas pasiones y estar sometidos a nuestros instintos. Cuidado con la susceptibilidad, la impaciencia o la agresividad. La falta de amor y comprensión por los demás puede traducirse en dureza e intransigencia. Posibles pruebas destinadas a favorecer el despertar de la conciencia, pues todavía no estamos preparados para recibir sus energías y seguir avanzando. Posible estancamiento.

Arcano XII: El colgado

75

- **Arquetipo:** Entre dos mundos. Sacrificio.
- **Astrología:** Neptuno. Signo de Piscis. Elemento agua.
- **Numerología:** 12 (el servicio).
- **Gema:** Ágata.
- **Color:** Blanco.
- **Árbol y paisaje:** Loto y flores acuáticas. Lagos y estanques. Mar profundo.
- **Cuerpo físico:** Intestinos. Pulmones.

Simbología

En este arcano vemos a un joven suspendido en el aire, por una soga que le sujeta en su pierna izquierda. Aunque no lo parezca, este personaje lo hace por propia voluntad, y su difícil sacrificio tiene un objetivo concreto y superior. Las misiones y los duros sacrificios a los que está sometido son comprendidos por el personaje como pruebas para su crecimiento interior. Por añadidura, en ocasiones tiene que someterse a difíciles renuncias y desapegos para poder continuar su camino y llevar a cabo la misión. Renuncia a sus fuertes deseos terrenales y practica el desapego de sus sensaciones y sentimientos, para así poder acceder a su divinidad. Esto le otorga una energía limpia y pura, así como voluntad de acción para lograr, a través de la sabiduría, su propósito final. Incomprendido, ha elegido un camino muy diferente a la mayoría de los humanos. Su sistema de valores no se ajusta al de la mayoría, y posee plena conciencia y responsabilidad sobre el camino elegido y el alto precio que tiene que pagar por la alta meta a alcanzar. Sin embargo, no está exento de fuertes sentimientos, y la intención de poseer y retener a sus seres queridos. Este arcano está fuertemente vinculado con la Luna, lo que hace que a veces sus percepciones sean erróneas y pueda dejarse arrastrar por su naturaleza emocional y variable. En todo caso, anda en búsqueda de la verdad más elevada, aquella que está oculta a nuestros ojos, y conoce los riesgos que ello conlleva.

Su número es el 12, y su energía es la vocación de servicio y ayuda, pudiendo llegar hasta el sacrificio. Posee grandes valores humanitarios y es capaz de abandonarse a sí mismo por los demás, quedando así relegado al último lugar y sufrir el abuso de quienes no merecen su ayuda. Su alto nivel de idealismo e ingenuidad puede alejarle de su realidad y perder su autoestima, al fundamentar su valor en la aprobación de los demás.

Lectura e interpretación

Sin duda alguna, cuando aparece esta carta en una consulta, nos está advirtiendo de que es el momento de parar y observar detenidamente los acontecimientos que nos están ocurriendo; estos, con toda seguridad, conllevan una crisis o sacrificio. El colgado nos dice que tenemos que aprender a apreciar los hechos desde otra perspectiva, que con toda seguridad no hemos tenido en cuenta hasta ahora, y por lo tanto tendremos que replantearnos la situación que consultamos. Nuestra salud y vitalidad pueden estar resintiéndose, es momento de parar, de cambiar nuestros hábitos y cuidarnos, de escuchar nuestra intuición y abrirnos a percepciones del más allá. Tenemos que ser generosos y compartir nuestros conocimientos, pues seremos escuchados. Quizás estemos viviendo algún tipo de relación, a la cual nos estamos aferrando o intentamos retener; esto es un error, pues es momento de soltar y despedirse para poder seguir avanzando. La crisis que estamos sufriendo lleva implícito un aprendizaje. Cuidado con repetir los mismos errores que antes. La situación requiere más tiempo del que nos gustaría. Lo esencial, lo verdaderamente importante, ha sido valorado erróneamente. Debemos reconducirnos y hacer las cosas de otra manera. Aprendizaje espiritual necesario. Buscar lugares abiertos donde podamos respirar aire puro.

Invertido o mal acompañado, nos advierte de que si no estamos dispuestos a hacer el sacrificio o nos aferramos a algo o alguien, nos veremos abocados al estancamiento y a experimentar un sufrimiento innecesario, así como al fracaso, tanto en lo sentimental como en lo material. Todo esto puede afectar especialmente a nuestro sistema nervioso, aparato digestivo y pulmones. La enfermedad puede prolongarse si no actuamos adecuadamente. La resistencia puede conllevar violencia.

Arcano XIII: El arcano sin nombre (la muerte)

- **Arquetipo:** Lo inevitable.
- **Astrología:** Plutón. Escorpión. Mes de noviembre.
- **Numerología:** 13 (mutación).
- **Gema:** Amonita.
- **Color:** Verde azulado.
- **Árbol y paisaje: Cactus.** Las profundidades de la tierra.
- **Cuerpo físico:** Sistema óseo y piel.

Simbología

La tradición considera a este arcano un símbolo de reencarnación, de triunfo de la vida sobre la muerte. También nos dice que el ser humano muere siete veces, y que la primera de ellas sucede en el mismo momento de nacer. De hecho, nos recuerda que morimos a cada instante que vivimos, sometidos al tiempo limitado de nuestra existencia en la tierra. Por ello, este arcano nos habla de continua transformación, e incluso de liberación del alma. Se vincula al plano humano y material. Está desprovisto de emociones y de deseos, y no tiene dominio sobre la mente. Es un arcano individualista, y su acción es inteligente, a la vez que rápida y eficiente. Actúa en contra del tiempo, a la inversa de este, de forma inexorable, en continuo descuento, como en dirección a una dimensión extraña y ajena a nuestro mundo. Por donde pasa hay un continuo morir y renacer. Rara vez nos hablará de la muerte física, sino más vez del tiempo que transcurre y nos acerca a ella. Su suelo y la hoz nos recuerda la constante necesidad de arrancar las malas hierbas, las acciones equivocadas, y preparar la tierra arrasada para la nueva siembra. Nos habla del final natural de las cosas y del abandono de todos aquellos propósitos e intenciones que hemos creído importantes hasta el momento, de hacer borrón y cuenta nueva, y encaminarnos hacia algo nuevo. Sin opción alternativa, pues todo lo que no estemos dispuestos a soltar nos será arrancado de un modo u otro. Con el arcano sin nombre, todo lo que no haya sido resuelto por la justicia, y sobre todo, por el colgado, será irremediablemente subsanado por él.

Su número es el 13, y nos obliga a evolucionar, a tomar decisiones irreversibles e incluso inflexibles, a realizar cambios radicales, definitivos, aunque parezcan no tener razón de ser. Y si esto no se lleva a cabo, nos veremos invadidos por un sinsentido que nos ahogará en el pesimismo, la melancolía, la tristeza, el dolor y el sufrimiento. El pasado aquí se convierte en un lastre si no somos capaces de soltarlo y adaptarnos a los tiempos.

Lectura e interpretación

Esta carta representa al alma ocultada por la personalidad, el ego que la alberga y la necesidad de ser liberada y escuchada. Clama nuestra ayuda, expresándose a través de las crisis o el sufrimiento al que muchas veces nos vemos sometidos cuando nos negamos a soltar aquello que sabemos que únicamente nos hace mal. Nos indica que nos hemos salido del camino correcto y que debemos reencauzarlo para cumplir con nuestro verdadero propósito. Y sobre todo, que no pertenecemos a este mundo. Nos recuerda, que solo mediante la reflexión y la inteligencia lograremos que el tiempo se invierta en nuestro favor.

En el plano material, nos anuncia pruebas que pueden cambiar nuestras vidas, pero aquí nos concede cierta libertad para obrar. Sin embargo, en cuanto a nuestra espiritualidad, no permite más opción que dejar de vivir como hasta el momento, y cambiar radicalmente nuestra manera de ser y actuar. Aparece en los momentos extremadamente difíciles y nos anuncia una profunda transformación, donde lo que hemos mantenido oculto, irremediablemente saldrá a la luz. Es un momento excelente para buscar ayuda y realizar terapias que nos ayuden en este proceso, aunque esto solo dará resultados si tenemos claro nuestra necesidad de cambio. Es esperanzadora, pues si soltamos lo viejo nos promete que algo nuevo vendrá a nuestra existencia y una nueva etapa aparecerá ante nuestros ojos. Sus palabras claves son: ruptura, desapego, separación, comenzar de nuevo, transformación necesaria, cambio, muerte del pasado, modificación de conducta y hábitos trasnochados. Moriremos como hemos vivido.

Invertida o mal acompañada, nos advierte rotundamente que la inercia y el dejarse llevar solo pueden llevarnos al caos y la destrucción. Estancamiento y ausencia de vida. Enfermedad grave y crónica. Sometimiento a las pruebas y al tiempo. Amenaza para el cuerpo. Muerte en vida.

Arcano XIIII: La templanza

- **Arquetipo:** El ángel solar.
- **Astrología:** Sagitario. Elemento fuego.
- **Numerología:** 14 (magnetismo celeste).
- **Gema:** Granate
- **Color:** Azul profundo.
- **Árbol y paisaje:** Jacinto. Retama. Lugares públicos.
- **Cuerpo físico:** Boca. Garganta y laringe.

Simbología

La templanza está representada por un ángel, y su función es mediadora. El trasvase de agua que realiza de una vasija a otra, representa las aguas de la vida, las energías vitales de las que provee nuestra alma a nuestro cuerpo, así como la vocación de sacrificio y servicio de nuestra divinidad. Su energía es completamente pura, y la pone al servicio de la humanidad. Sacrifica sus energías espirituales para satisfacer su afectividad y amor sin condiciones. Pero esa divinidad no le pertenece del todo. Representa, la vitalidad, las pasiones y los deseos, aunque la moderación y el equilibrio se hacen necesarios para que estas energías fluyan en nosotros de forma armónica y continuada. Es una carta de salud, y de la capacidad que tenemos para sanar y sanarnos si mantenemos ese equilibrio adecuado. La moderación es la actitud apropiada. La tradición relaciona a este arcano con las profesiones artísticas y los viajes relacionados con ellas. Nos insta a ponernos en movimiento, sin prisa pero sin pausa, para poner las energías divinas al servicio de las obras materiales. La palabra es su máxima expresión, demandando armonía en ellas, y su afectividad está guiada por la razón, muestra de su expresión consciente e inteligente. Su labor es de guía y limpieza, y presta su servicio mediador en los momentos críticos a los que nos someten, el colgado (por voluntad propia) y el arcano sin nombre (por imposición). La templanza nos ayuda en la transformación, hallando la paz y el equilibrio necesarios.

Su número es el 14, y personifica la comunicación, abriendo vías de acuerdo entre los demás. Por ello representa al perfecto anfitrión, que además nos invita a dar rienda suelta a nuestras emociones y al disfrute, con sentido e inteligencia. Representa la bondad, la adaptabilidad, el compañerismo, la conciliación, el consejo, la amabilidad... Nos enseña a soltar, a fluir con la vida sin apegarnos a nada. Sanadores por naturaleza y dotados de magnetismo celeste, sus manos y sus palabras son el vehículo para expresarlo.

Lectura e interpretación

La templanza nos recuerda la necesidad de integrarnos en lo social, compartir y comprender que somos parte de un todo. No es el mejor momento para retirarnos y refugiarnos en la soledad. Muy al contrario, nos invita al disfrute, a compartir y a sanar nuestras relaciones. Es un arcano muy positivo que nos colma de esperanzas y nos invita a ser creativos y a experimentar de nuevo, abriéndonos a los demás a través del afecto. Vivir en paz consigo mismo y con los demás es su mensaje. La moderación y el equilibrio son la clave de este arcano. La energía cósmica está a nuestro alcance, y es posible canalizarla a través de nuestro cuerpo para recuperar el bienestar perdido. Es importante la reflexión, y la práctica de la paciencia, tanto para iniciar algo como para ver los resultados. Nos recuerda que no estamos exentos de pasiones, y estas tienen que ser bien canalizadas. Nuestro angel guardián nos protege y nos guía a través de nuestra intuición. Observar las señales. Un toque de suerte nos acompañará.

Momento ideal para las reconciliaciones. Buen momento para el amor, expresar nuestros sentimientos, recuperar nuestra salud y revitalizarnos. Transformación interior. Como el *yin* y el *yang*, debemos aceptar nuestras sombras, lo negativo, e integrarlo como parte de nosotros mismos. Inspiración y creatividad. Buenas amistades. El resultado final, bien merece las pruebas previas: adelante.

Invertida o mal acompañada, nos advierte de posibles errores por negligencia, pereza o exceso de confianza. La salud se puede tornar frágil y quebradiza, especialmente en los órganos de depuración y los sistemas nervioso y linfático, por lo que se aconseja una limpieza interna. Fragilidad moral y de valores. La impulsividad no es favorable, y se hace indispensable razonar antes. Este arcano, aun invertido, nos da la certeza de estar protegidos y de que todo se solucionará.

Arcano XV: El diablo

- **Arquetipo:** El ángel caído. Lucifer (el portador de la luz).
- **Astrología:** Saturno. Capricornio.
- **Numerología:** 15 (el imperio de los sentidos).
- **Gema:** Diamante negro.
- **Color:** Verde oscuro. Negro.
- **Árbol y paisaje:** Orquídea. Madreselva. Grandes ciudades.
- **Cuerpo físico:** Aparato reproductor. Infecciones. Enfermedades crónicas.

Simbología

El diablo y sus múltiples nombres. Contrariamente a lo que se nos ha transmitido, lo que representa este arcano no es algo externo, sino muy al contrario, a nosotros mismos. Aquí está perfectamente representado nuestro lado más oscuro, nuestra sombra y todo aquello que nos negamos a ver en nosotros mismos, proyectándolo continuamente en nuestro entorno y los demás. Lucifer, en su raíz latina, significa "el que porta la luz", haciendo referencia al cuerpo que alberga al alma, a su vehículo, a nosotros, los seres humanos. Del mismo modo, otra interpretación, la del "ángel caído", hace referencia a cómo el alma (ángel), vino a experimentar la vida en la tierra. Del mismo modo, Satán, el adversario, el diablo o aquel que opone resistencia a nuestra evolución y al regreso del alma a su fuente. De hecho, en este arcano, el diablo conserva algunos rasgos de su origen divino, como son sus alas y el deseo de acción pura. Pero, aunque sigue en contacto con la divinidad, su lazo es exclusivamente material, y su poder solo se manifiesta a través de la materia. Su inteligencia es rica y fecunda, pero se encuentra encadenado por sus pasiones y deseos, de los cuales puede llegar a estar prisionero. El símbolo de Venus aparece a sus pies, otorgando a este personaje una fuerte sexualidad y la capacidad de seducir. Es poseedor de una extraordinaria paciencia, por lo que el tiempo juega a su favor. No en vano está regido por Saturno, el dios Cronos, dueño del tiempo. La tradición lo vincula con las fuerzas creadoras del pasado, pero que así mismo dan lugar a los potenciales del futuro. Recordemos que este extraño arcano nos devuelve la Divinidad a través de sus pruebas y la reconciliación de los opuestos. Si la templanza es el *yin*, el diablo, es el *yang*.

Su número es el 15. Con su sensualidad, su fuerza y su poder, magnetizará todo lo que le rodea, impregnándolo de su luz y su pasión. Pero cuidado, pues de no saber controlar ese poder hipnótico, puede llegar a sucumbir en un agotador revoloteo de flor en flor y convertirse en victima de sus propias pasiones. Deberá aprender a controlar y canalizar adecuadamente sus pulsiones, o se convertirán en violencia, despotismo y egoísmo descontrolados.

Lectura e interpretación

Esta carta es muy positiva cuando la consulta es relativa al plano material, pues nos otorga el poder de sobresalir y obtener fama, respeto y consideración. Sin embargo, debemos tener cuidado con el modo en que conseguimos nuestros propósitos, y con la falta de escrúpulos en ello. La sinceridad no es una de sus cualidades, y los subterfugios y las mentiras se harán presentes. Anuncia éxito para aquel que se someta a sus condiciones y acepte sus inconvenientes, pero estará siempre en deuda con él y lo pagara caro. Recordemos la expresión: "vender el alma al diablo". La ambición y la satisfacción de sus apetitos materiales y sexuales se convierten en una prioridad, con lo que nos advierte de la posibilidad de terminar siendo el esclavo de nuestras sombras. En positivo, nos aporta vitalidad, salud y un fuerte deseo sexual. Se recomienda hacer ejercicio y mantenerse ocupado para así canalizar adecuadamente la enorme energía de la que disponemos. Si esta energía no es bien canalizada o transmutada, nuestra vejez puede llegar a ser difícil y solitaria. Atención a dejarse tentar, a violar nuestros principios y convicciones. Cuidado con los vicios y las dependencias de todo tipo, sean personas, sectas, drogas, medicamentos o cualquier cosa que pueda perjudicarnos a nosotros y a los que nos rodean. Agresividad, celos, envidias, rencor y todas aquellas emociones que nos anulan y someten, necesitan una urgente revisión y terapia. Posible confusión, peligro, o abuso de poder en el que podemos ser tanto victima como verdugo.

En posición invertida, la sexualidad puede estar siendo un grave problema, tanto en nosotros mismos como en el entorno, que no es favorable para nosotros. Mala salud por excesos y malos hábitos. Cuidado con las enfermedades contagiosas. Nos advierte de problemas en nuestros órganos sexuales y reproductores. Aborto. Cuidado con los engaños y las mentiras. Hechizos, magia negra. Si le siguen buenas cartas, es sinónimo de buenos augurios y final de las pruebas.

Arcano XVI: La torre

- **Arquetipo:** La casa de Dios. El caos.
- **Astrología:** Marte. Elemento fuego.
- **Numerología:** 16 (la búsqueda de perfección).
- **Gema:** Rubí.
- **Color:** Rojo sangre.
- **Árbol y paisaje:** Pimienta. Ajenjo. Su lugar no está en la tierra.
- **Cuerpo físico:** Enfermedades graves. Hospitalización.

Simbología

La torre, regida por Marte, nos habla de destrucción y de fuego purificador. El rayo, proveniente de lo más alto, "la casa de Dios", es la acción inteligente, que tiene como propósito la iluminación mediante la destrucción de aquellas creencias que hemos adquirido y la construcción de una personalidad que nos ha desviado de nuestra verdadera misión. De ese modo, la prepotencia, el egoísmo y la separación del todo, es lo que se ve afectado, dejándonos como única opción el aprendizaje de la humildad y la apertura hacia los demás. Representa la ruptura definitiva de lo que han sido nuestros conceptos y modos de comportamiento erróneos. Si nos hemos sometido al poder del diablo, la torre viene a poner nuestra vida patas arriba, como único modo de corregir nuestra trayectoria y volver al sendero correcto. Después del excesivo apego a la materia y los sentidos, nos desprovee de todo para volver a comenzar. Este arcano exige perfección, o al menos la búsqueda y la intención de hallarla. Pero no está exento de amor: el Sol aparece tras la oscuridad reinante y nos da su luz. Aunque en un principio no podamos verlo, nos presta la ayuda providencial para salir del atolladero en el que nos encontramos, poniendo a nuestra disposición las energías positivas y constructoras que surgen del caos. Es un acto de purificación, que no está exento de dolor, pero que supone el impulso final y necesario para llevarnos al paso decisivo hacia nuestra liberación y la ruptura definitiva con el pasado y nuestros malos hábitos. El rayo también es indicio de la repentina percepción, como un relámpago de genialidad que nos lleva a cuestionarnos nuestra vida entera, rompiendo con todo para conseguir la libertad.

Su número es el 16, y nos muestra la perfección, la obsesión por hacer las cosas bien. Posee una energía orgullosa por alcanzar el liderazgo y ser ejemplo de ello. Es un gran constructor, pero su rigidez puede no permitirle ver sus propios errores, cayendo en la imprudencia, la impulsividad y la frustración, ocultando detrás de su gran ego un sentimiento de inferioridad.

Lectura e interpretación

La torre trae consigo una clara advertencia. Nada puede seguir como hasta ahora, ha llegado el momento del final, de la revolución que rompe todos los patrones, conductas y circunstancias erráticas, ideas falsas y conceptos equívocos incrustados. Lo que hasta ahora ha sido nuestra familia y ha significado algo para nosotros, se destruye, se cae en pedazos y se disuelve ante nuestros ojos. No olvidemos que este arcano actúa sobre la materia y es símbolo de destrucción, por lo que puede manifestarse en forma de perdidas, amenazas, violencia o ansiedad. Nuestra energía mental tiene que estar bien controlada, para con ella saber salir de esta situación dramática y encauzarnos en una nueva dirección, con el afán y la esperanza de volver a remontar. Su acción es inexorable, por lo que no nos servirá de nada resistirnos y apegarnos a aquello que ya no nos es útil para continuar nuestro camino. Aceptar la ruina financiera como paso previo a nuestro futuro desarrollo. El siguiente paso se hace decisivo, y no hay vuelta atrás. Debemos ser prudentes y cuidarnos de posibles accidentes, y si esto ocurre, sacar la lección implícita que lleva consigo, del mismo modo que si nos diagnostican de una enfermedad grave. Recuerda que el resultado no está desprovisto de esperanza si aceptas que lo que te está ocurriendo tiene un propósito mayor y más elevado, y que posemos las herramientas necesarias para volver a comenzar. Cuidado con el orgullo y el egoísmo, pues pueden dispersar tus fuerzas y provocar más dolor. Pide ayuda, sé humilde, ábrete a los demás y perdona. Acepta una mano amiga y descubre a quienes realmente importas. Puede ser un desconocido o quien menos te esperas. Bien acompañada, nos presagia un mal pasajero y leve, con buenos finales y resultados, así como superación y crecimiento interior.

Invertida o mal acompañada, nos aconseja no iniciar ningún tipo de proyectos, ni realizar viajes o cualquier actividad que ponga en riesgo nuestra integridad. El momento se presenta muy difícil. Una enfermedad grave puede alargarse o empeorar. Una pérdida puede ser la causa de una larga depresión.

Arcano XVII: La estrella

- **Arquetipo:** El amor universal.
- **Astrología:** Signo de Acuario.
- **Numerología:** 17 (la expresión del amor).
- **Gema:** Amatista.
- **Color:** Toda la gama del violeta.
- **Árbol y paisaje:** El cocotero. La acacia. Lugares cercanos a fuentes o manantiales
- **Cuerpo físico:** Conexiones neuronales.

Simbología

Con la estrella tenemos el primer personaje que está completamente desnudo. Ello nos dice que la indumentaria y la máscara ya no son necesarias, pues ya no hay nada que ocultar. La transmutación preparada por la templanza ya está completamente realizada, y se manifiesta en este arcano. Ya nada oculta la pureza y la manifestación de nuestra alma, la cual se manifiesta a través del fluir continuo del agua de sus cántaros y de su piel desnuda. Su cuerpo se encuentra en armonía con el todo, universo y naturaleza. La estrella ha sublimado y espiritualizado de tal forma sus afectos, que es completamente ajena a cualquier sentimiento de posesión y apego. Ha tomado conciencia de que todo aquello que ha recibido debe ser agradecido y devuelto, de modo que nuestras experiencias y conocimientos deberán ser compartidos con los demás. Sabe que nada nos podemos llevar, y que lo que es de la materia debe permanecer en ella. Estas energías deberán circular libremente. En la carta aparece el "árbol de la vida" de la Cábala y una estrella central, el Sol místico, al cual conducen sus ocho senderos, vinculados con los arcanos —la sacerdotisa, el emperador, el enamorado, la justicia, el ermitaño, el arcano sin nombre, la templanza y el diablo— como pasos previos y necesarios para nuestra evolución, pues la meta de estos caminos, es la estrella.

Las estrellas más pequeñas, representan el septenario (la ley del alma y del espíritu), que según la tradición está compuesto por el Sol, la Luna, Mercurio, Venus, Marte, Júpiter y Saturno. Estos corresponden a los llamados planetas personales y transpersonales de la astrología. Del mismo modo, este arcano tiene una relación directa con la nueva era de Acuario, y representa a la perfección las improntas de esta: iluminación personal y amor universal. Es un arcano femenino, y destaca la influencia de la estrella sobre su cabeza, Venus.

Su número es el 17, sensible, idealista, generoso, romántico, cercano y tierno. Expresa como ninguno la necesidad de comunicación e interacción con los demás. La expresión física, con su presencia y en forma de abrazos y caricias, es su mejor expresión. Es ingenuo y confiado, cree en los demás y en el género humano, viendo lo mejor de los otros. Altruista, trabajará por mejorar el mundo, y a pesar de las decepciones será un ser feliz.

Lectura de interpretación

La estrella siempre apunta hacia el futuro y nos anuncia excelentes perspectivas en referencia a lo que estamos preguntando. La suerte es su aliada y nos colma de esperanzas. Nos habla de recogida de cosecha. Aquello para lo que nos hemos estado preparando está maduro y dispuesto para que se recojan los frutos de la cosecha. Por lo tanto nos habla de éxito, gracias a nuestros méritos y a lo sembrado. A veces esto ocurre de forma inesperada, dándose las oportunidades y ofertas para llevar a cabo nuestros sueños. Esto hace que estemos atentos a cualquier invitación. Lo mismo puede ocurrir en el amor y en las relaciones afectivas de todo tipo, recibiendo proposiciones, declaraciones y agradecimientos por nuestra actitud. Encuentro con personas afines o el alma gemela. Es momento de disfrutar, de ser feliz y dejar que las cosas fluyan. El universo está a nuestro favor y seremos recompensados por nuestros esfuerzos y entrega. Es la mano auxiliadora que aparece en los momentos complicados, incluso cuando le acompañan cartas difíciles. Debemos confiar en que hay un orden en el cosmos, y que somos importantes y parte del mismo.

Es una carta excelente para los artistas, especialmente los escritores, pues nos dota de inspiración y canalización con el todo. La imaginación es fecunda y la conciencia está despierta a los planos superiores. Signo de las almas evolucionadas, es importante tener en cuenta las cartas que aparezcan a su derecha, pues nos indicará hacia dónde vamos.

Invertida o mal acompañada no pierde su valor positivo y esperanzador, por lo que nos puede estar hablando de retrasos, posiblemente provocados por nosotros mismos, si seguimos vibrando con nuestros miedos y desconfianzas.

Arcano XVIII: La Luna

- **Arquetipo:** El subconsciente.
- **Astrología:** Signos de Cáncer y Piscis.
- **Numerología:** 18 (la memoria ancestral).
- **Gema:** La perla y la plata.
- **Color:** Carmesí y gris ámbar.
- **Árbol y paisaje:** Sauce. Las islas, el mar y las costas.
- **Cuerpo físico:** Partos. Problemas psicológicos. Depresión. Miedos.

Simbología

En la Luna no hay nada mental, toda ella es instinto, emotividad y supervivencia. La influencia que sus ciclos marcan sobre la tierra y todo lo que hay en ella, especialmente en el agua, elemento ligado a nuestras emociones, la fecundidad, nuestros deseos instintivos y el subconsciente. El elemento más abundante en la tierra y en nuestros cuerpos. Es el ritmo de la vida sexual y de la reproducción, marcando los momentos de mayor y menor fecundidad. También se manifiesta como una poderosa intuición e imaginación, y la capacidad de conectar con aquello que está oculto para nuestros ojos. Los viajes a lo más profundo de nosotros, con nuestra alma, a través de nuestros sueños. La tradición habla de ella como el medio como el medio para acceder a los planos más subterráneos de nuestro ser, simbolizado por aquello que se oculta tras las torres. Es la noche, la oscuridad, que nos sumerge en mundos encantados, desconocidos y en los cuales tememos perdernos. En ella reside nuestra memoria ancestral y todas aquellas vivencias que olvidamos al volver a encarnar. La memoria colectiva de la humanidad, nuestro inconsciente más primitivo. Por ello tiene que ver con nuestros instintos básicos de supervivencia. Es nuestra nodriza y cuidadora, la madre, y por lo tanto nos enseña a cómo sobrevivir en este mundo terrenal. Sin embargo, la sabiduría lunar no se encuentra aquí, sino en el arcano de la sacerdotisa, que ha comprendido y transcendido sus limitaciones. Esta nos recuerda que tras la oscuridad, el retorno de la luz es inminente.

Su número es el 18, y nos habla de la familia y de las tradiciones, entorno en el que se siente seguro y del que se nutre emocionalmente, al tener la capacidad de ver más allá del inconsciente colectivo, por su extraordinaria intuición, empatía y sensibilidad. Pero debe tener cuidado de no quedarse atrapado en acontecimientos del pasado, y caer en la melancolía y la tristeza, pudiendo así frenar su crecimiento y evolución.

Lectura e interpretación

Cuando la Luna aparece, tenemos que tener en cuenta nuestros sueños, prestarles atención e intentar descifrarlos, al ser mensajes claros para nuestra evolución. A través de ellos, debemos encontrar sentido a nuestras vidas. La memoria de recordar nuestras noches, será lo que dará luz a nuestros días.

También se relaciona con los niños, y nos puede estar anunciando un embarazo o parto próximo, sobre todo junto a la emperatriz. Nos promete periodos fértiles, aunque no exentos de dificultad, pues será condición previa ahondar en nuestro subconsciente y enfrentar nuestros temores. Es un momento adecuado para hacer introspección o alguna terapia que nos conduzca hacia nuestro interior y nos conecte con nuestra intuición, también llamada "voz del alma". Recordemos que aquí no encontraremos las respuestas mediante la razón, sino escuchando "lo que nos dicen nuestras tripas", al encuentro de una verdad más profunda. Cuidado con lo irreal y engañoso. La Luna es el arcano de la imaginación, para bien y para mal. Por ello es muy favorable para escritores, poetas y creativos en todo tipo de artes. Si aparece junto a la estrella, una imaginación rica y fértil junto a la inspiración dará sus mejores obras. También es una carta muy ligada a la influencia de la madre, pudiendo interpretarse como un exceso de proteccionismo y dependencia.

Ligada a las ciencias ocultas, nos invita a desarrollar las cualidades innatas para ello. Junto a la sacerdotisa, nos hablará de clarividencia o mediumnidad. Es momento de enfrentarnos a nuestros más profundos temores e inseguridades.

Es una carta representativa del pueblo, de las masas y sus inquietudes, por lo que nos hablará de su estado, dependiendo de las cartas que le acompañen, pudiendo anunciarnos revueltas, manifestaciones y revoluciones. Viajes por mar. Buenos augurios para comercios y comerciantes.

Invertida o mal acompañada, nos habla de tristeza profunda, depresión, nostalgia enfermiza, pesadillas, dispersión, pereza, inconsciencia y dificultades para autoafirmarse en la vida y en la realidad. Autoengaño y fantasías erráticas. Retención de líquidos o problemas renales. Dificultades en comercios y errores de juicio.

Arcano XVIIII: El Sol

- **Arquetipo:** La divinidad.
- **Astrología:** Sol, regente de Leo. Elemento fuego
- **Numerología:** 19 (la armonía y la alegría).
- **Gema: El peridoto.** El oro y el platino.
- **Color:** Amarillo dorado
- **Árbol y paisaje:** La canela. Olivos. Países de clima cálido y seco.
- **Cuerpo físico:** Corazón y distema circulatorio. Vitalidad.

Simbología

El Sol, símbolo de vida, alegría, luz y despertar. Muchas culturas lo han venerado, y como tal representa la divinidad. Sin él no concebimos la vida en nuestra Tierra, ni el sistema solar. En astrología, el signo del zodiaco que ocupa nos habla de nuestro yo más interno, nuestro mayor potencial, la expresión del alma. El Sol es la experiencia de la conciencia superior, de la esencia del ser. En este arcano aparecen siempre dos niños, como símbolo de complementariedad y unión de los opuestos: nuestra dualidad integrada en un solo ser. Estos son iluminados por sus rayos, e irradiados con su luz, el gozo de vivir, el optimismo y la generosidad. Con el Sol, el alma se hace translúcida y llena de sentido nuestra existencia. La transmutación ha sido posible mediante las energías creadoras y las pruebas del arcano sin nombre y la torre, ya superadas y con las lecciones aprendidas. Es el cielo en la tierra, el triunfo alcanzado gracias al trabajo y la inteligencia de lo comprendido y aceptado. Es el paso decisivo en el proceso de maduración e integración del verdadero sentido de existir, y la vuelta a la simplicidad y la humildad de quien se sabe único, y a la vez parte de un todo. Es la seguridad y confianza de tener el poder de superar con éxito cualquier contratiempo. Su sexualidad se encuentra asumida y se expresa con amor y de forma equilibrada. Ha comprendido quién es, de dónde viene, y cuál es su misión y propósito de vivir.

Su número es el 19, y representa el líder natural, carismático y humano, que transmite armonía, paz, felicidad y la tranquilidad de que todo tiene sentido. Es siempre generoso, sincero y sentimental, y conoce bien su vocación de servicio. Su necesidad de equilibrio puede hacer que los acontecimientos externos le afecten y le desestabilicen, pero rápidamente encontrará la solución, con su optimismo y deseo de ser útil a los demás.

Lectura e interpretación

Cuando el Sol aparece, siempre trae alegría y soluciones. Es presagio de buena salud, vitalidad y solidez corporal, sobre todo acompañada de la fuerza o la templanza. Si le precede un arcano negativo, nos anuncia sanación. Predispone a las ciencias médicas, aunque en sus aspectos más empíricos, de terapias naturales y energéticas, las cuales recomienda. También es muy positiva para las profesiones relacionadas con el dinero, como banca, bolsa, administración de bienes, etc. En una posición fuerte y bien rodeado, especialmente por los arcanos del juicio o del mundo, nos pone en contacto con multitudes, pudiendo anunciarnos fama o el reconocimiento de alguna labor llevada a cabo. También a modo póstumo tras la muerte. La abundancia y prosperidad aparecen.

En el amor es una carta muy positiva, que nos hablará de fuertes sentimientos correspondidos y una atracción y sexualidad fuerte y sana. Nos puede estar anunciando una declaración, unión, o propuesta de matrimonio. Resulta muy alentadora para asociaciones de cualquier tipo. Estas resultaran prometedoras, estables y equilibradas.

Con esta carta, las preocupaciones y dificultades que nos precedan son superadas, y con ello nosotros resultamos fortalecidos. Podemos sentirnos tan bien que los demás nos vean como otra persona. Es buen momento para emprender nuevos planes y llevarlos a cabo. Así como para conseguir o iniciar nuestra independencia, pues estamos preparados para adoptar dicha responsabilidad. Nos puede estar anunciando el nacimiento de un varón sano o que seremos el centro de atención. Es momento de confianza, gozo y disfrute.

Invertido mal acompañado, pierde parte de su energía positiva, y nos puede estar advirtiendo de una actitud egoísta, prepotente e incluso dictatorial. Nos dice que tengamos cuidado de volvernos demasiado materialistas o presuntuosos. Los buenos presagios no desaparecen del todo, pero nos anuncia retrasos. Si se trata de dinero o negocios, será mejor esperar, pues puede anunciar pérdidas o tratos que no llegaran a buen término.

Arcano XX: El juicio

- **Arquetipo:** Juicio. Encarnación. Renacimiento.
- **Astrología:** Plutón.
- **Numerología:** 20 (el investigador de conciencias).
- **Gema:** Ópalo estriado
- **Color:** El naranja
- **Árbol y paisaje:** Incienso. Amapola. Nogal. Yacimientos y museos arqueológicos. Anfiteatros.
- **Cuerpo físico:** Recuperación tras enfermedades y/o convalecencias.

Simbología

El juicio, símbolo de resurrección, ilustra la transformación, la liberación y la aparición de lo esencial. Lo intrínseco y verdadero, que hasta ahora ha sido ignorado y enterrado, sale a la luz. El humano emerge de su estado de inconsciencia, y despierta a las aspiraciones materiales y espirituales, integrando ambas tras su resurrección. Una nueva forma de vida irá asociada a nuevas energías y un sentimiento de fuerza y poder. Todo el poder de nuestras aspiraciones mundanas, aquí es dirigido hacia un fin mucho más elevado, por lo que si somos capaces de aceptar los sacrificios, seremos recompensados y nos podremos beneficiar de los aspectos más positivos de esta arcano. Los personajes aparecen desnudos como en la estrella, como símbolo de que ya no hay nada que ocultar, y de que lo verdaderamente importante está en nosotros. El juicio es una carta de evolución y regeneración, y junto al arcano sin nombre nos habla del fin de la oscuridad, de una etapa difícil. Con él se muestra el comienzo de una nueva era, y por lo tanto de que algo nuevo e importante está por llegar. Por un lado representa al ángel de la prosperidad, y por el otro la resurrección de la carne. La redención es un hecho, y los nuevos comienzos son esperanzadores.

Su número es el 20, y nos habla del maestro de ceremonias, quien necesita un público que le otorgue reconocimiento a su saber hacer. A cambio, investigará con ahínco nuestras conciencias para descubrir los diferentes puntos de vista y los secretos más profundos del inconsciente. Descubrir nuevos mundos. En este continuo indagar, necesitará dar un alto en su camino en el caso de caer en la exigencia de una excesiva ponderación, al ser considerado un iluminado.

Lectura e interpretación

El juicio nos anuncia el comienzo de una nueva etapa, donde el éxito y la promoción del consultante está llegando. El inicio de un nuevo proyecto largamente soñado o el reconocimiento por lo sembrado. El final de una prueba social que nos ha estado afectando, e incluso el nacimiento de un niño largamente anhelado. Todo es posible. Como simboliza la regeneración, también nos habla de salud recobrada. El juicio protege a las familias o grupos con inquietudes parecidas, y anuncia reconciliaciones y acuerdos. Recepción de herencias o alguien que logra poner en valor la profesión o el legado familiar por el que se ha trabajado durante generaciones. Algo nuevo, esencial, importante, maravilloso, ha entrado en nuestro mundo o en el mundo que nos rodea, algo que será de vital importancia para nuestro futuro y bienestar. Pero nos advierte que hay que cuidarlo y agradecerlo, siendo proactivos. Con esta carta, la pereza o la desidia se vuelve en nuestra contra si no tomamos plena consciencia de la oportunidad y de lo afortunados que somos por tenerla. La fama y el reconocimiento social y público es muy posible, sobre todo si va acompañado de cartas activas como el Sol o la rueda de la Fortuna, pues estará indicando que esto se debe a circunstancias externas, como cambios sociales o en su país. Toda ambición es posible, tanto para el consultante como para sus seres queridos. Tras el arcano de la muerte, anuncia el final de una dura y oscura etapa. Las pruebas se han acabado y las recompensas van llegando. La transformación de larva a mariposa ya se ha dado. Nivel de conciencia superior

Invertido o mal acompañado a su derecha, nos advierte que tengamos cuidado de las circunstancias externas que se pueden estar dando o pueden estar por llegar, pues nos afectarán. En lo que respecta a la salud, anuncia una larga convalecencia que debemos usar para estrechar relaciones o hacer aquello para lo que somos muy válidos, pero que hemos estado postergando. Nos habla de una escasa autoestima y una baja valoración de uno mismo, torpeza, ambiciones desmedidas o méritos no reconocidos. En todo caso, nos solicita una firme revisión de nuestras actitudes. y sobre todo de los pensamientos y las palabras que pronunciamos a diario, que se convierten en los pilares de nuestra realidad.

Arcano XXI: El mundo

- **Arquetipo:** Plenitud. El todo.
- **Astrología:** Saturno y Urano.
- **Numerología:** 21 (el sanador espiritual).
- **Gema:** Ónix.
- **Color:** El índigo.
- **Árbol y paisaje:** Espino. Higuera. Ruinas y lugares profundos de la tierra, como cuevas, grutas, criptas, etc.
- **Cuerpo físico:** Sistema inmune y piel. Salud total.

Simbología

El mundo o universo representa el final de nuestra experiencia y evolución personal –fundamentalmente a nivel espiritual–, así como la integración y manifestación de nuestro verdadero ser y el propósito de nuestra existencia. Es el ser humano en su esencia. La mujer desnuda representa la madre tierra en su totalidad, rodeada de los cuatro elementos, portados por el mago para crear su realidad y que hemos transcendido para tomar conciencia. Estos cuatro elementos representan los cuatro estados de la materia. El toro, el león, el águila y el ángel corresponden a los signos fijos del zodiaco: Tauro (tierra), Leo (fuego), Escorpio (agua) y Acuario (aire). El paso final a nuestra evolución, la era de Acuario y el humanismo. Las dos varitas que sostiene en sus manos representan las dos polaridades, femenina y masculina, complementadas en un mismo ser. Es el iniciado, que tras haber recorrido el sendero de las pruebas y del dolor en las sucesivas vidas encarnadas en la Tierra, ha descubierto su verdadero ser, la búsqueda del yo. Por esto mismo es un arcano de introspección y mirada hacia nuestro interior. Transcender los infiernos y las sombras, iluminándolas de sentido. El microcosmos en un macrocosmos. La realidad de que "como es adentro es afuera", y de que "como es arriba, es abajo". La unicidad de todas las religiones está representada en este arcano. La "guardiana del umbral", Perséfone en la mitología griega, diosa de la tierra fértil, raptada por Hades y conducida a los infiernos. La Isis con velo de los teósofos. Las vírgenes negras del cristianismo. La prostituta de las siete colinas, en la Biblia. La niña sentada sobre el trono de la madre, en el judaísmo. La heroína de los cuentos de hadas, como Blanca Nieves y los siete enanitos (cada uno de ellos representando los siete metales: oro, plata, cobre, mercurio, hierro, estaño y plomo).

Cuando se haya logrado la transmutación completa, alcanzándose el conocimiento y la aceptación de sí mismo, sin complacencia ni severidad, el equilibrio y la armonía se habrán convertido en nuestra forma de vivir.

Su número es el 21, y apareció para embriagarnos con su capacidad de sanar y armonizar, únicamente con su presencia. Es consciente de sí mismo y de sus capacidades, talento y sabiduría, de su poder para lograr lo que se propone sin apenas esfuerzo. Su sensualidad y su atractivo son su carta de presentación, lo que por lo general les traerá honores y reconocimientos por parte de los demás. Representan la feminidad en toda su amplitud y expresión, integrada y equilibrada con el principio masculino.

Lectura e interpretación

El mundo es una carta repleta de bendiciones y suerte, y nos dota de un instinto vital muy fuerte. Es el triunfo de los pensamientos, las palabras y las acciones sobre la vida misma. Por ello nos habla de un momento idóneo, positivo, feliz y repleto de prosperidad y abundancia. Hay armonía interior y se ha logrado la felicidad y el pleno conocimiento de uno mismo. La sabiduría es nuestro indicador y guía absoluta. Estamos en el punto de evolución más alto, y somos capaces de disfrutar y comprender cualquier acontecimiento y/o persona. Hay conciliación con la vida y con nuestro entorno, y nos dice que estamos en el momento correcto, pues hemos alcanzado nuestra meta. Por eso es idóneo para el disfrute y la celebración de lo conseguido. Nos puede anunciar el viaje de nuestros sueños a otro país, el cual se puede convertir en el lugar de residencia definitivo o donde hallaremos la fama y el reconocimiento, sobre todo si le acompaña la carta del juicio. La felicidad, la satisfacción y el agradecimiento por lo conseguido es nuestro estado en este momento. Cultivar las buenas formas y el conocimiento nos ayudará a seguir avanzando y lograr nuestros objetivos, pues con seguridad seremos apoyados por personas encumbradas y con poder.

Invertida o mal acompañada, no pierde su poder benéfico, amortiguando y protegiéndonos de las influencias de otras cartas negativas, proporcionándonos la fuerza interior necesaria para enfrentarnos a cualquier prueba, que seguro será pasajera. Como única condición nos pide que miremos hacia nuestro interior, pues en él encontraremos todo lo necesario para domeñar cualquier crisis.

Tiradas prácticas (clásicas y personales)

Una vez hemos adquirido y consagrado nuestra baraja, y sobre todo, la hemos observado e interiorizado con detenimiento, pasaremos a la práctica. A continuación expondré algunas lecturas, la mayoría de ellas sencillas y fáciles de aprender, para que así podáis ir adquiriendo destreza y entrenar con vuestros amigos y conocidos, o simplemente guiaros en vuestra andadura. Para hacer esto es necesario tener una actitud sincera y honesta. Las cartas actúan como un espejo, reflejando aquello que en muchas ocasiones no queremos ver. Convertirte en tu propio guía requiere una responsabilidad y objetividad importante, y este proceso te puede llevar toda una vida. La otra opción es consultar a un buen profesional y dejarnos guiar por él o por ella, sin olvidar que el libre albedrío existe, y que tú tienes la última palabra.

Ahora vamos a dar paso a algunas de las diferentes tiradas que puedes encontrar y cómo interpretarlas. Comenzaremos planteando una pregunta clara y barajando las cartas. Después las pondremos sobre la mesa boca abajo y procederemos a su lectura, volteándolas una a una, en el lugar correspondiente. Para ello consulta cada uno de los arcanos, su lectura y su interpretación. Para terminar, haremos una síntesis del conjunto y dejaremos aflorar lo que intuitivamente aparezca en nuestra cabeza. Apúntalo en una libreta, anotando también las cartas que te han salido.

Meditación con una carta

Comenzaremos por la práctica más sencilla. Todos los días, al acostarte, baraja y elige una sola carta, la cual te servirá de prefacio y guía para el día que se te presentará por delante. Obsérvala con detenimiento e interioriza lo que te transmite. Después, déjala boca arriba en tu mesita de noche o en la almohada. No la recojas hasta la siguiente noche. Verás como esta se convierte en tu guía mediante tus sueños y a lo largo de tu día.

Mis tiradas

La pirámide

Esta tirada nos puede aclarar enormemente una situación, sobre todo, cuando reina la confusión y no sabemos muy bien qué sentido tiene lo que estamos viviendo. Nos ayudará a comprender la situación y a manejarla adecuadamente.

— Carta n° 1- ¿De dónde vengo? Lo que antecede.

— Carta n° 2- ¿Hacia dónde voy? El resultado.

— Carta n° 3- Yo. Mi actitud y dónde me encuentro.

— Carta n° 4- El consejo.

Colocaremos la carta n° 1 a nuestra izquierda. La n° 2 a nuestra derecha, y la n° 3 sobre las otras, justo en medio. Esta última carta, tiene la clave del resultado y de ella depende.

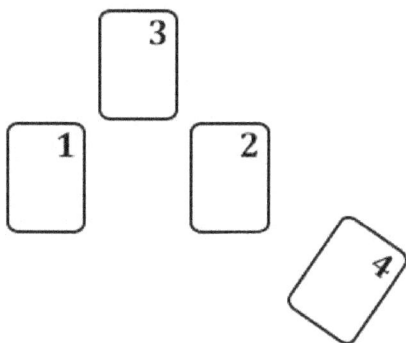

La relación

Esta sencilla tirada nos ayudará a saber en qué se fundamente una relación. Nos dará una información detallada de los sentimientos, pensamientos y actitud de cada componente de la relación, así como de la situación presente y la tendencia a futuro. Sirve para cualquier tipo de relación: parejas, hermanos, socios...

— Carta 1 - La relación.
— Carta 2 - El otro. Él o Ella.
— Carta 3 - Tú.
— Carta 4 - Presente, el ahora.
— Carta 5 - Tendencia a futuro.

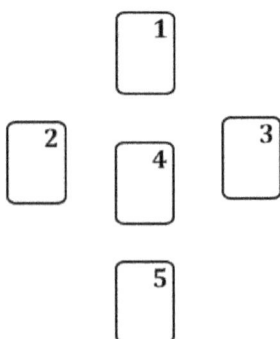

Colocaremos la carta 1 arriba; esta nos dirá que tipo de relación se establece entre las dos personas, lo que les une. Pasamos a poner la carta 2 a la izquierda, la cual nos dirá cuales son las motivaciones y sentimientos de la pareja del consultante. La carta 3 hablara del consultante y la colocaremos a la derecha. En el centro colocamos la carta 4, que indicará el presente de la relación. Y por último, la carta 5, abajo, nos indicara el potencial futuro de esta relación.

Tirada semanal astrológica

Esta es una tirada que nos aportará mucha información sobre nosotros, nuestro estado interno y las condiciones externas con las que nos podemos encontrar, junto con la influencia de los planetas para toda la semana y el pronóstico para cada uno de los días de la semana. Por ello es ideal para los amantes de la astrología y para saber cómo será nuestra semana al completo. El día ideal para hacerla es un domingo.

— Carta 1 - Lunes. Influencia de la Luna (estado emocional y familia).

— Carta 2 - Martes. Influencia de Marte (energía, voluntad y acción).

— Carta 3 - Miércoles. Influencia de Mercurio (comunicación y actividad mental).

— Carta 4 - Jueves. Influencia de Júpiter (suerte, expansión, logros).

— Carta 5 - Viernes. Influencia de Venus (amor, relaciones, socialización).

— Carta 6 - Sábado. Influencia de Saturno (trabajo, dificultades, aprendizajes).

— Carta 7 - Domingo. Influencia del Sol (el consultante, desarrollo personal).

Colocaremos una al lado de la otra, comenzando por la izquierda hacia la derecha, y pensando en cada día de la semana y lo que destacará del día. En cuanto a los planetas, su pronóstico influirá sobre toda la semana.

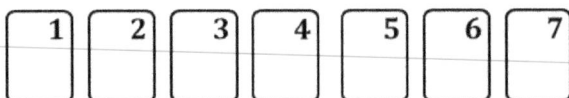

| 1 | 2 | 3 | 4 | 5 | 6 | 7 |

Tirada del reloj

Con esta tirada sabremos cómo serán los doce meses del año, y por lo tanto lo que tenemos por delante. Cada arcano nos dará una idea de cómo será cada mes y que nos aportará. Las colocaremos de una en una, en el mismo sentido de las agujas del reloj, siendo la 1 el mes de enero, y así sucesivamente. Tendremos en cuenta la carta anterior y la posterior, para tener un contexto aclaratorio de la evolución del año y saber lo que supondrá para nosotros. Es ideal para año nuevo, y también para nuestro cumpleaños. En este último caso, comenzaremos la lectura por el mes que le corresponde.

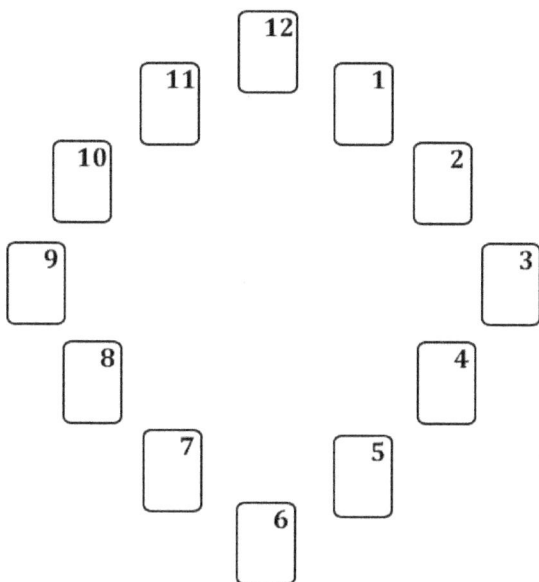

Al acabar de ver mes por mes, las dispondremos en fila, de izquierda a derecha, en dos filas de seis, con lo cual tendremos una idea de cómo será nuestro primer medio año y el segundo. Tendremos en cuenta la interpretación de las cartas unidas.

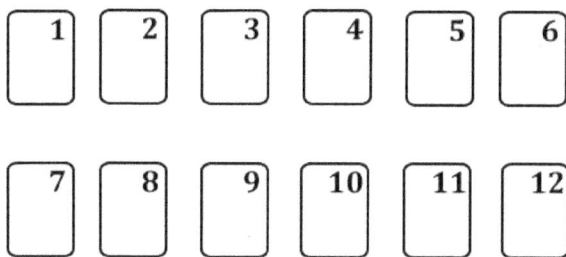

Tiradas clásicas

Tirada del sí o no

Con solo dos cartas tendremos una idea clara de cuál puede ser la mejor opción para el consultante y el resultado en caso de tomar el camino del SÍ o del NO. Para ello pensaremos una pregunta donde la única respuesta posible sea una de la dos. Para ello, pondremos la primera cara a nuestra izquierda que será el SI, y la siguiente a nuestra derecha, que será el NO.

Tirada de la cruz

Se usa para poder ver la situación más en detalle y esclarecer una situación y el modo en que debemos actuar para sacar el mejor partido de ella. Además, no mostrará el resultado si hacemos caso a los consejos de los arcanos que aparecen, de forma que nos estaremos adelantando y nos dará seguridad y firmeza en la acción.

— Carta 1 - El consultante. La situación de partida.
— Carta 2 - Lo que tenemos en contra. Lo que NO debemos hacer.

— Carta 3 - Lo que tenemos a favor. Lo que SÍ nos aconseja hacer.

— Carta 4 - El resultado tangible, si actuamos en consecuencia.

— Carta 5 - La ganancia para nuestra evolución. Lo esencial.

Colocaremos la carta 1 a la izquierda, la carta 2 a la derecha, la carta 3 arriba y la 4 abajo. La última carta, la 5, irá justo en medio de las cuatro anteriores.

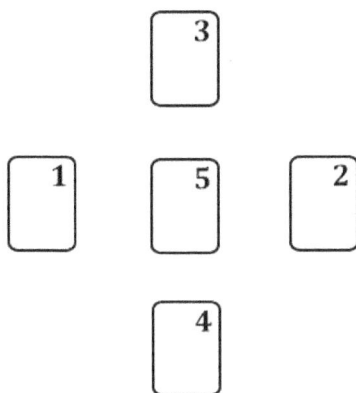

Tirada de la cruz celta

Esta es una preciosa tirada clásica, utilizada desde tiempo inmemorial, que nos va a dar una información detallada de cualquier asunto que queramos consultar. Es ideal para preguntar por aspectos genéricos de nuestra vida, como trabajo, amor o cualquier otro asunto que sea importante para el consultante. Hay diferentes versiones. A mí personalmente, me gusta esta por el número maestro que componen el total de cartas: 11.

— Carta 1 - El consultante. Su visión del asunto.

— Carta 2 - Ambiente e influencias. Lo externo. Las oportunidades.

— Carta 3 - Lo que se opone, para bien y para mal.

— Carta 4 - La base del asunto. Lo realmente importante.

— Carta 5 - Pasado del consultante en este aspecto.

— Carta 6 - Situación presente.

— Carta 7 - Futuro potencial.

— Carta 8 - Miedos y esperanzas del consultante.

— Carta 9 - Influencia del entorno más cercano. Familia. Amigos.

— Carta 10 - Lo que desea conseguir el consultante.

— Carta 11 - El resultado final. La razón de ser.

Colocaremos las cartas boca abajo. La carta 2 sobre la primera, y la tercera en horizontal cruzando las dos primeras. La carta 4 debajo de estas. La 5 a su izquierda. La 6 arriba y la 7 a la derecha. Veremos que nos queda como una cruz con tres cartas en medio. Ahora seguiremos colocando las cuatro que faltan, una encima de la otra, desde abajo hacia arriba, a la derecha de las anteriores, que quedarán como están dispuestas en la imagen. Es importante que cuando las vayamos colocando pensemos en la pregunta y lo que significa cada una de ellas.

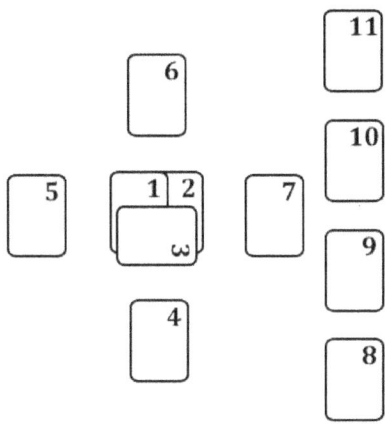

Una vez la tenemos sobre la mesa, iremos sacando desde la primera a la última, una a una, interpretándolas según el lugar que ocupan. Se dispondrán en forma de V, de tal modo que veremos cómo van emparejándose y reforzando su significado. Se dispondrán de la siguiente forma:

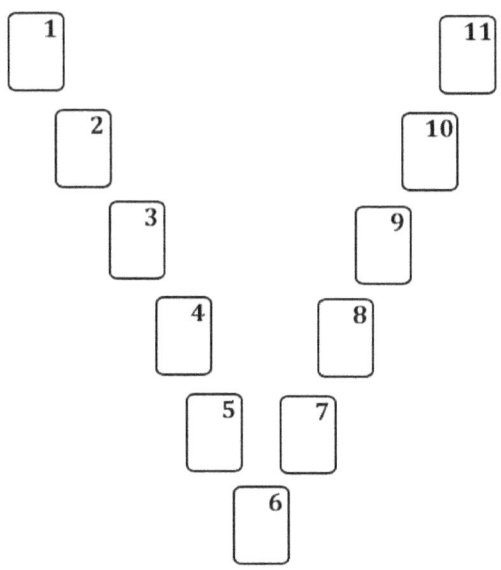

La gran tirada astrológica

Aquí tenemos una tirada extensa y significativa, a la que podremos sacar un doble significado. Es mi tirada para el inicio de consultas completas y nos da una información extensa de todas las áreas de vida, de nuestro pasado, presente, y de nuestra evolución a futuro. Aquí encontraremos representadas las 12 casas astrológicas y la influencia del arcano correspondiente en cada una de ellas. Así como los 4 cuadrantes correspondientes, para aquellos que estén duchos en Astrología o quieran conocerla. Pero también interpretaremos estos cuatro cuadrantes, como la evolución de pasado a futuro, pasando por el momento presente. En el centro, TU.

a. Pasado: cartas 1, 2 y 3, y 1 central

b. Presente: cartas 4, 5 y 6, y 2 central.

c. Futuro cercano: cartas 6, 7, 8 y 9, y 3 central.

d. Futuro a largo plazo: cartas 9, 10, 11 y 12, y 4 central.

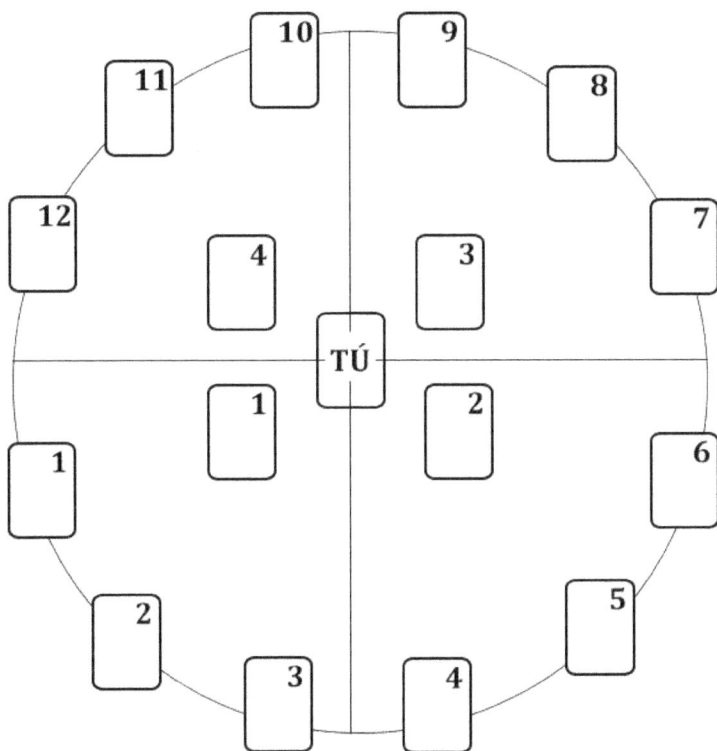

Las dispondremos de la siguiente forma. Primero colocaremos la carta 0, El Consultante (TÚ), en medio. Pasaremos a colocar en el interior del círculo, cuatro cartas, una carta por cada cuadrante en forma de cruz, comenzando por la izquierda hacia la derecha, y terminaremos arriba como indica la imagen. A continuación, formaremos un círculo que iniciamos también por la izquierda, del mismo modo que una rueda zodiacal desde el ascendente, casa 1, hasta la casa 12, y por lo tanto en dirección contraria a las agujas del reloj.

— La carta del consultante, nos hablará de cuál es su estado de ánimo y que es lo que más le preocupa en ese momento. Lo que piensa.

— Las cuatro cartas de los cuadrantes son muy importantes.

— Carta 1: Pasado y estado personal. El consultante.

— Carta 2: Presente. Familia, amores, amigos, trabajo, viajes cortos, salud.

— Carta 3: Futuro cercano. Pareja, Socios, viajes largos, espiritualidad.

— Carta 4: Futuro lejano. Profesión, reputación, sociedad, público, pruebas.

Las casas astrológicas

— Carta 1: En la Casa I irradio mi forma de ser natural. Yo.

— Carta 2: En la Casa II manejo mis posesiones. Mi dinero.

— Carta 3: En la Casa III aprendo y me comunico. Hermanos.

— Carta 4: En la Casa IV intimo y me siento como en casa. Familia.

— Carta 5: En la Casa V me expreso. Hijos. Viajes. Amoríos.

— Carta 6: En la Casa VI trabajo y sirvo a los demás. Salud.

— Carta 7: En la Casa VII me relaciono y me complemento. Socios.

— Carta 8: En la Casa VIII manejo los recursos de los demás. Herencias.

— Carta 9: En la Casa IX desarrollo y amplío mi conciencia. Espíritu.

— Carta 10: En la Casa X me realizo en el mundo. Profesión. Reputación.

— Carta 11: En la Casa XI me uno a los grupos y comunidades. Sociedad.

— Carta 12: En la Casa XII reside mi potencial inconsciente. Karma.

Elementos y arcanos menores

Ya no podemos con el tarot sin los arcanos menores, y los detalles que pueden aportarnos en la lectura sobre nuestra vida cotidiana y las vivencias del día a día. Por ello, haré una pequeña introducción sobre su simbología y aquello representan, pues mientras los arcanos mayores constituyen el camino en nuestro viaje hacia el interior y el encuentro con nuestra espiritualidad, mediante sus secretos, los arcanos menores nos acercan a los acontecimientos y personajes de la vida misma.

Son cincuenta y seis cartas, distribuidas en cuatro palos: bastos, copas, espadas y oros. Cada uno de ellos se corresponde con la energía de un elemento: fuego, agua, aire y tierra. En cada uno de ellos encontramos cuatro personajes: paje, caballero, reina y rey, además de cartas numeradas del 1 al 10. Los ases son el puente de conexión entre los arcanos menores y los triunfos o arcanos mayores, por lo que cuando aparecen en la lectura es aconsejable consultar estos últimos también.

— **El fuego**, como energía viva y creadora, está representado por los bastos. Nos hablan de movimiento, de cambios, viajes, la creatividad y transformación a través de la purificación. Su estación es la primavera.

— **El agua**, como energía transmutatoria y nutricia de nuestro cuerpo astral, está representada en las copas, y nos habla de sentimientos, relaciones, hogar, y estados emocionales. Su estación es el verano

— **El aire** es la energía mental y de acción, representada en las espadas. Aquí encontramos las luchas, las pruebas y dificultades ante las que nos podemos encontrar. Pero sobre todo, ante la calidad de nuestros pensamientos y cómo los expresamos. Su estación es el otoño.

— **La tierra** es la energía de la materia, y está representada por los oros. Aquí se manifiesta la realización y la materialización de los tres palos anteriores. Es el dinero, las pertenencias y posesiones. La estabilidad y la seguridad. Su estación es el invierno.

Patrocinio

La escuela esotérica y de terapias alternativas nace por la demanda de muchas personas que se han acercado a nosotros durante los más de doce años que llevamos abiertos, con la intención de obtener conocimiento serio y profesional sobre las diferentes temáticas que tratamos habitualmente desde nuestros establecimientos.

La **Orden de Ayala** de una manera más fácil y cercana quiere ofrecer conocimientos a todo aquel que desee recibirlos en una escuela dedicada casi en su totalidad a impartir clases, talleres, master class, cursos etc., no solamente en nuestros centros, sino también en nuestro campus virtual. Además, abre sus puertas a presentaciones de libros, y exposiciones entre otras actividades. Un espacio abierto que nos mostrará poco a poco conocimientos y saberes de todo el mundo.

Web: **www.laordendeayala.com**

Tlfno: **918 320 023 / 914 501 824**

Móvil: **600 796 447**

Autores para la formación

C♦nferencias
EDITATUM

Editatum y GuíaBurros te acercan a tus autores favoritos para ofrecerte el servicio de formación GuíaBurros.

Charlas, conferencias y cursos muy prácticos para eventos y formaciones de tu organización.

Autores de referencia, con buena capacidad de comunicación, sentido del humor y destreza para sorprender al auditorio con prácticos análisis, consejos y enfoques que saben imprimir en cada una de sus ponencias.

Conferencias, charlas y cursos que representan un entretenido proceso de aprendizaje vinculado a las más variadas temáticas y disciplinas, destinadas a satisfacer cualquier inquietud por aprender.

Consulta nuestra amplia propuesta en: **www.editatumconferencias.com** y organiza eventos de interés para tus asistentes con los mejores profesionales de cada materia.

Participa en el Club GuíaBurros para estar informado de las últimas novedades editoriales y disfrutar de las ventajas, promociones y condiciones especiales de los socios de nuestro club.

Puedes encontrar toda la información en:

www.guiaburros.es

www.editatum.com

Puedes seguirnos también en Youtube y en nuestras redes sociales:

facebook.com/guiaburros

www.youtube.com/c/GuíaBurros

@ guia_burros

@guiaburros

Otros libros de la colección

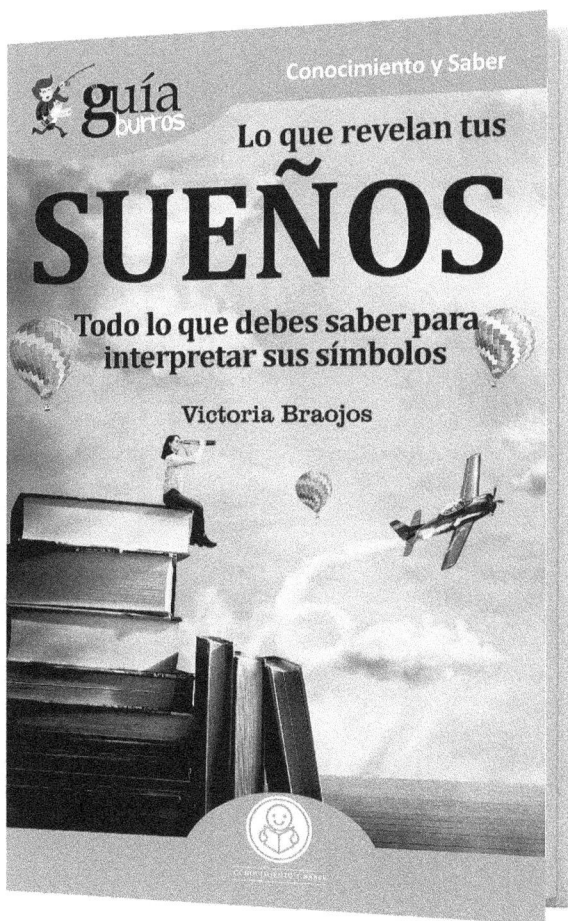

GuíaBurros: Lo que revelan tus sueños

https://www.loquerevelantussuenos.guiaburros.es/

EDITATUM

Libros para crecer

www.editatum.com

www.ingramcontent.com/pod-product-compliance
Lightning Source LLC
Chambersburg PA
CBHW021007090426
42738CB00007B/695